動物たちの日本史

動物たちの日本史

中村禎里

海鳴社

もくじ

I
日本人の動物観を探る……8
古代中世史のなかの動物たち……30
異郷に住む動物たち……41
固有名詞を持った動物たち……70

II
徳島県のタヌキ祠……78
佐渡　タヌキの旅……125
佐渡の狢信仰……135

III
ウマの神性と魔性……166
ネズミの伝説・民話……172

鳥の妖怪……182
ムシの戦い……186

IV

江戸時代の動物妖怪……200
西鶴と動物・器物の妖怪……212
筑後　河童の旅……219
筑豊　河童の旅……226

V

鏡花と潤一郎　狐の影……238
芥川の河童……241
宮沢賢治の動物観……245

あとがき……255
図の出典……261

I

日本人の動物観を探る

はじめに

ひとくちで日本人の動物観といっても、おのずから時代的な変遷があった。またそれぞれの地域・階級・職業集団は、独自の動物観を形成しただろう。中世までの歴史資料として使用し得る文献は、ほとんど貴族など特権階級の手で、また彼らの立場から記録された。このような記録にもとづき、衆庶、つまり一般の人びとの動物観まで判断するには、十分な注意が必要である。

以上の問題点について留意したうえで、日本人の動物観を概説したい。とくに比較的古い時代に日本人に親しまれた動物に重点をおく。動物の種類は、原則として陸生脊椎動物、すなわち哺乳類・鳥類・爬虫類に限定する。

結論の一部を前倒しして述べると、現代の昔話における動物変身談に登場する動物の種類は、古い時代の日本人が親しんだ動物と比較的よく一致する。そこでまず、表1に動物の種類と変身の型の関係を示したい。資料として使ったのは、柳田国男他編『日本昔話記録』1～13（三省堂、一九七三～

四年）である。

神と妖怪

表1中欄の数字の大部分は、私たちの常識を裏づけるにすぎない。キツネ・タヌキが人に化ける話は、日本人なら誰でも知っている。化けネコ騒動の伝説を耳にしたことがない人は少ないだろう。ヘビ女房の昔話も有名である。

それでは、ヘビ・キツネ・タヌキが人に化けるのはなぜだろうか。これらの動物は霊力を持っており、その意味で動物神と見なされた。動物神は、巫者の幻想のなかで人の姿を取って現れる。さらにこれが拡大した共同幻想を主源として、動物から人への変身説話が誕生したと思われる。ヘビ・キツネ・タヌキは、妖怪のイメージをも強く発散している。私の考えによれば、妖怪は神から派生した観念である。神は、かならずしも人にとってプラスの方向にだけ作用するわけではない。気にいらないことがあれば、人に災厄をもたらす。後者の側面を独立させ、これを実体化したのが妖怪だといってよいだろう。

八世紀ごろの日本の山神の多くは、ヘビであった。八世紀

表1　日本昔噺における動物の変身例数

動物名	人に変身	人から変身
ウシ	0	1
ウマ	0	3
イヌ	1	1
ネコ	5	0
キツネ	29	1
タヌキ	13	0
イノシシ	1	0
サル	3	3
カワウソ	1	0
ネズミ	1	2
モグラ	0	2
鳥類	8	21
ヘビ	12	2

に編集された『日本書紀』崇神紀にでてくる大和三輪山の神オオモノヌシは、人の姿でヤマトトトビモモソ姫のもとに通ったが、ついにヘビの正体を明らかにしてしまう。神代紀のヤマタノオロチも出雲鳥上峰の山神である。『日本書紀』とほぼ同時代に成立した『常陸国風土記』および『肥前国風土記』において、常陸哺時伏山の神、肥前袖振峰の神は、いずれもヘビであった。そして両者とも、人の姿で出現する。山は水源地でもある。そこで山神のヘビは水神へと展開し、さらに水田耕作を保護する神とも見なされるようになった。

八世紀の終わりごろから、キツネ信仰が始まる。『日本霊異記』(景戒、九世紀初期成立)には、キツネの女性と人の男性の通婚、そしてそのあいだに生まれた子孫の物語が記される。この一族、すなわち狐直は、おそらく中国からキツネ信仰を持ち込んだ。しかし日本人は、近世にいたるまで、大陸とは比較できないほど多彩で広範なキツネ信仰を育ててきた。とくに、農耕神としてのヘビの地位をキツネがしだいに奪い取っていったことが重要である。キツネが農耕神とみなされた由縁を考えると、一つには、柳田が説くように、田の神の祭場にするため耕されなかった場所にキツネが巣を作り、人の前で目につく挙動を示したことに関連するのは間違いあるまい。しかしそれだけでなく、私はキツネの体色と稲穂の色の類似にも注目したい。キツネを祀り、その繁殖を促す類観呪術は、稲の豊作を保証すると思われたのではないか。

キツネ神は、ヘビ神と同様、祭祀者の前に人の姿で現れたであろう。ただし、キツネが人に化ける話は、日本内発のキツネ神信仰と独立に、中国から入ってきた。中国においては、キツネの霊力のマイナス面のほうが強く認識されていた。そのせいか、中国のキツネ・イメージを輸入した日本においても、キツネが人に恵みを与えるよりは、人を騙すために人に変身する話のほうが多い。しかし人の女性として現れ、一家の繁栄をもたらす「キツネ女房」型の説話も、日本においては大きな位置を占めた。この説話は、キツネ信仰の影響下に形成されたと思われる。

そこで話は、キツネ信仰の歴史に移る。平安時代も半ばを過ぎ一一世紀になると、伊勢と即かず離れずの下級宗教者が、京の街でキツネ信仰を流布しはじめたらしい。藤原実資の日記『小右記』長元四（一〇三一）年八月四日の条に伊勢斉宮の託宣が載せられているが、そのなかに「京洛の中、巫覡狐を祭り、まげて太神宮と定む」という告発がある。そしてその一五〇年ほどあと、藤原兼実の日記『玉葉』治承二（一一七八）年五月一四〜一六日条には、キツネについて「彼の宮これを白専女と称す。これ尊崇の神」と述べる。一一世紀初期には伊勢非公認だったキツネ信仰が、一二世紀後期には正式に認可されていたのである。なお「太神宮」および「彼の宮」とは伊勢神宮を指す。

キツネは、大手の神のなかではまず伊勢と結びついたようだ。伊勢外宮の豊受神は、食物神とされている。食物神と農耕神はほとんど変わらない。キツネと伊勢神との結びつきは、これをきっかけとして成立したと思われる。現在では、キツネは稲荷の眷属、または稲荷そのものと認識されているが、キツネが稲荷と排他的に結合したのは、おそらく一四世紀あたりの動きだった。そのころ成立した『稲荷大明神流記』にはつぎのような記事がある。かつて稲荷の山は竜頭太とよばれる山神の支配下にあり、竜頭太は農耕と採薪によって生活を営んでいた。やがて空海が稲荷山に入り、竜頭太は稲荷山を

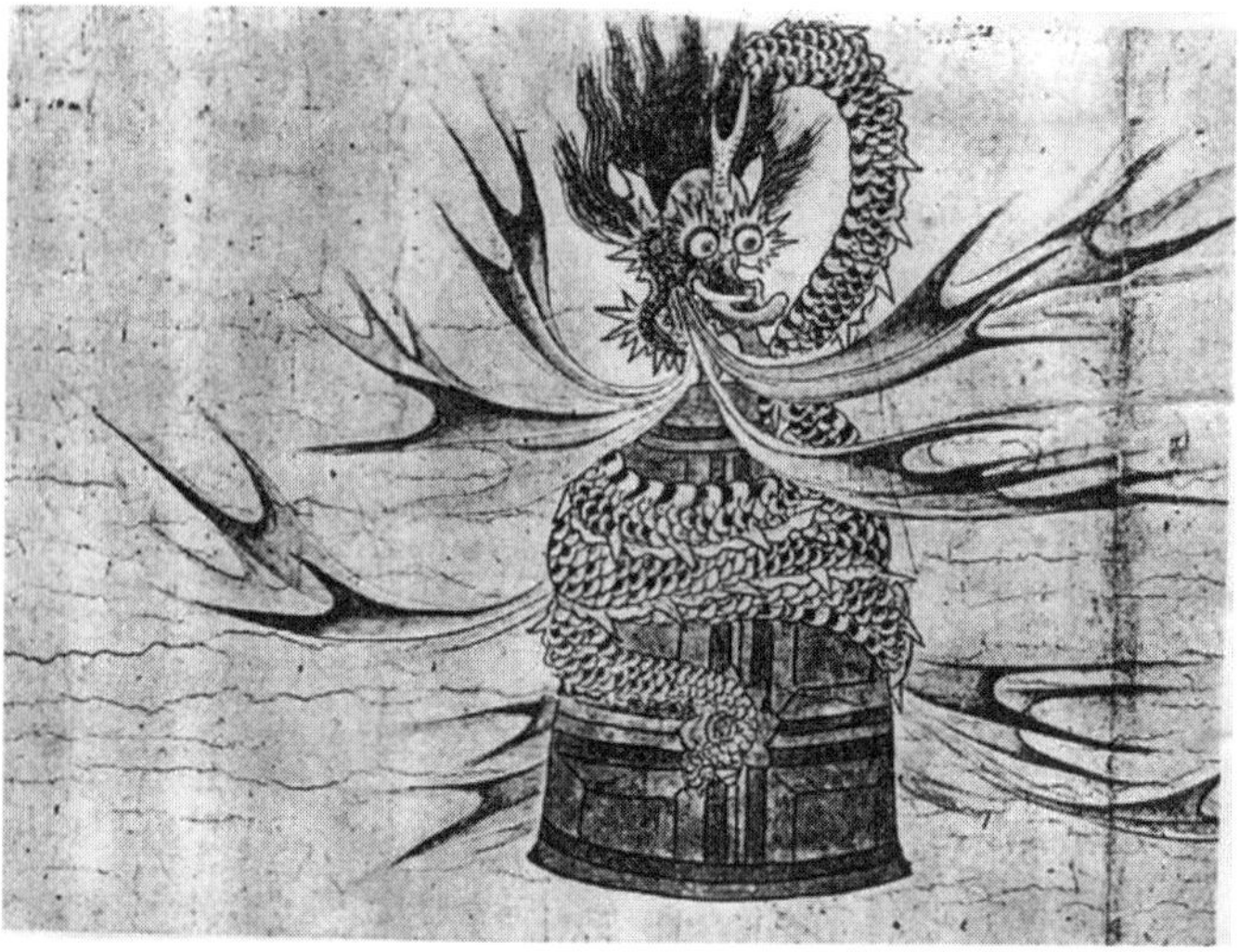

図1　男に裏切られて蛇と化し彼が隠れている鐘を巻く女　『道成寺縁起』（室町時代）

空海に譲った。そのあと、船岡山のキツネが稲荷山に移り住んで、稲荷神の眷属になる。

空海の話は史実ではない。しかしこの説話は、竜頭太とよばれていたヘビ神が稲荷山の神であることをやめ、入れ替わりにキツネが入ってきた、という中世の認識を示す。稲荷神とキツネのセットは、戦国時代になって諸大名に勧請され、各地に分布した。とくに北関東を中心とする東国には、それ以前からキツネ信仰が根づいており、その素地の上に稲荷が急速に勢力を拡張したらしい。

ではなぜ、ヘビは縄張りの一部をキツネに譲らなければならなかったのであろうか。たぶんヘビには死霊のイメージがつきまとっており、その弱点をキツネにつかれたのだろう。『日本書紀』仁徳紀に早くも、人が死後ヘビになった話が出てくるが、なかでも有名なのは道成寺説話である。恋しい男性に去られた女性は、ヘビと化してその後を追い、彼が匿われた道成寺の鐘を巻く（図1）。この伝承は『本朝法華験記』（鎮源、一〇四〇年ごろ成立）に初出する。以後、人の死霊・怨霊がヘビの姿で現れ、怨めしい人に祟る話は、枚挙の暇のないほど多い。

つぎはタヌキである。日本でタヌキが人に化けるようになったのは、近世以降であると考えてよい。そしてやがて、もともとはキツネが化けるはずの話においても、タヌキがキツネの地位を奪いはじめた。一例をあげると、『蕉窓漫筆』（一七六六年成立）巻二では、飯沼弘経寺のキツネが僧に化けるが、『檀林結城弘経寺』（善筑、一八二〇年ごろ成立）では、飯沼弘経寺のタヌキが僧に化けた。

このような変化の背景には、いくつかの事情がある。第一に、近世においては、ときによっては妖怪に恐ろしさではなく滑稽味が求められるようになる。ここにも滑稽なムードを身上とするタヌキが、キツネに取って代わる余地が生じた。第二に、稲荷が江戸などの都市に入ると、農耕神から手工業・商業・サーヴィス業の神へと変貌をとげる。こうなると、稲荷の眷属は稲穂色のキツネである必要はなくなった。そこで、とくにキツネの生息しない地域、または生息密度の希薄な地域で、タヌキは稲荷の新しい機能に侵入したのである。四国・佐渡、それに大阪のような四国に近い大都市に、タヌキの小祠が江戸時代末から数を増やしていく。このタヌキ信仰が各地に拡散し、タヌキの人への変身につながることがあった。

第三に、ヘビの勢力をタヌキが直接譲り受けたケースもあったと思われる。ヘビは木に登り、その洞に巣をつくることがある。キツネは木に登ることが不得意だし、巣穴も自力で地中に掘る。ところがタヌキは木に登り、洞にも住む点でヘビと共通の習性を持つ。寺社などの樹木は、ヘビとタヌキの格好の生息場所になった。そしてタヌキは、樹霊信仰を媒介にしてヘビ信仰を受けついだ。ヘビ・キツネの両方の代役をこなすタヌキの能力は、軽視しがたい。

じつは、タヌキの変身説話には、上記以外に中国の影響もある。そして中国において狸と表記され怪異をあらわす動物は、タヌキではなくヤマネコやジャコウネコであった。またそのため、日本ではタヌキとネコの混同が生じた。ネコが化ける理由は、この辺にある。

ヘビやキツネ以外にも、古来、神または神の使いとされた動物は少なくない。シカとイノシシは、『古事記』・『日本書紀』・『風土記』において、しばしば山の神として登場する。たとえば『古事記』景行記において、足柄山の神のシカ、伊吹山の神のイノシシがヤマトタケルを苦しめる。おそらくこれらの山神は、三輪山のオオモノヌシや、キツネ直の祖先神と異なり、人格神の前の状態で停滞していた。だから表1においては、シカとイノシシは人に変身する動物として記録されない。オオカミとクマについてもおなじことが言えよう。さらにオオカミ・クマ・カモシカは、原則として人里に出現しないので、昔話の題材になりにくいという事情も無視できない。

家畜からペットまで

日本人は、古代以来家畜を使用し、それらの動物になじんできた。家畜学の書物では、「人間が利用するために野生動物を遺伝的に改良した動物」などと定義される。しかし戦後の経済成長期以後に生まれた人びとの家畜のイメージは、これとずれるように感じられる。そこで一九九二年に、大学一・二年次の学生を対象にして、表2のような調査をした。その結果を、家畜と認識された度合いの多い順に並べたのが表3である。調査結果を検討しているうちに、学生の回答において家畜と認識される度合いには、かなり明瞭な秩序があることに気づいた。第一に、人とのつきあいの形態によって、動物の種類と状態をつぎの五段階のレベルに分類することができる。

(1) 身体全体またはその一部を提供する飼育動物
(2) 労役用の飼育動物
(3) 娯楽用の飼育動物

表2 家畜・非家畜の認識調査

つぎの動物のうち、家畜・家禽と認められるものには○、家畜・家禽とは認められないものには×を、(　)の中に記入してください。

(　) ペット用の犬
(　) 狩猟用の犬
(　) 野犬
(　) ペット用の猫
(　) 野良猫
(　) 労役用の馬
(　) 放牧している馬
(　) 競馬用の馬
(　) 労役用の牛
(　) 乳牛
(　) 食用の牛
(　) 闘牛用の牛
(　) 羊毛をとるための羊
(　) 食用の山羊
(　) 食用の豚
(　) 生け捕りにされて食用に飼われている猪
(　) 屋根裏の鼠
(　) 医学実験用の鼠
(　) ペットの猿
(　) 猿回しの猿
(　) 動物園の猿
(　) 観光地で餌づけされている野猿
(　) サーカスの虎
(　) ペットの小鳥
(　) 食用の鶏
(　) 食用卵を産ませるための鶏
(　) 闘鶏用のシャモ
(　) 鵜飼い用の鵜
(　) 動物園に保護されているトキ
(　) 軒に巣を作っている野鳩

表3　家畜性の度合

動物の種類とその人との関連	実数	百分率	型
食用の豚	243	98	1Aイ
乳牛	243	98	1Aイ
食用の牛	242	98	1Aイ
食用の鶏	241	97	1Aイ
食用卵を産ませるための鶏	240	97	1Aイ
食用の山羊	238	96	1Aイ
羊毛をとるための羊	237	96	1Aイ
労役用の牛	229	92	2Aイ
労役用の馬	222	90	2Aイ
生け捕りにされて食用に飼われている猪	200	81	1Bイ
放牧している馬	174	70	？Aロ
狩猟用の犬	156	63	2Aイ
鵜飼い用の鵜	150	60	2Bイ
闘鶏用のシャモ	136	55	3Aイ
闘牛用の牛	126	51	3Aイ
競馬用の馬	117	47	3Aイ
猿回しの猿	111	45	3Bイ
サーカスの虎	101	41	3Bイ
医学実験用の鼠	100	40	3？イ
ペットの猿	90	36	4Bイ
ペットの小鳥	90	36	4Bイ
観光地で餌づけされている野猿	88	35	3Bロ
ペットの犬	85	34	4Aイ
ペットの猫	84	34	4Aロ
動物園の猿	81	33	3Bイ
動物園で保護されているトキ	39	16	5Bイ
野犬	17	7	5Aロ
屋根裏の鼠	15	6	5Bロ
野良猫	12	5	5Aロ
軒に巣を作っている野鳩	10	4	5Bロ
回答者数	248	100	

第4欄の数字・アルファベット・カタカナはつぎの意味を示す。
1：身体利用　2：労役　3：見せ物　4：愛玩　5：非利用
A：非野生品種　B: 野生種　　イ：拘束　ロ：非拘束

（4）愛玩用の飼育動物
（5）人に利用されていないが人の間近で生活する動物

第二に、おなじレベルの動物のあいだでは、飼育品種の方が野生種よりも家畜度が高くなる傾向がある。第三に、拘束されている動物のほうが、自由生活をする動物より家畜度が高くなる。

近代より前の日本においては、大陸と異なり食用の家畜（上記1）が飼育されることはほとんどなかった。ウシ・ウマも原則として食べなかった。たぶんコストが合わなかった。宗教的理由もあったかも知れない。平安時代には、ニワトリの肉と卵は食用に供したようである。『小右記』永観三(九八五)年一月二五日条には、ニワトリを焼いて食べたとある。二つの記録の月日が等しいのが偶然かどうかはわからない。

食用の家畜を飼育しなくとも、またウシ・ウマを食べなくとも、日本の地形は海岸線が長く河川も発達しているので、動物蛋白質源としては魚類を十分に利用することができた。また植物ながら良質の蛋白質を提供する稲が栽培された。それとともに、豊かな森林の生産力を背景にして、イノシシ・シカのような山に住む草食・雑食の哺乳類が食用に供されたことは、多くの資料が示すとおりである。『日本三代実録』の元慶元（八七七）年七月三日条には、現在の奈良市にある神功皇后陵の近くで、陵を守るものがシカを解体して食べた、と報告されている。また一〇世紀はじめの『延喜式』内膳司の項では、正月の供御としてシカ肉・イノシシ肉があげられる。神に供えるなら、人も食べたに違いない。一二世紀成立の『今昔物語集』には、シカ・イノシシ・ウサギ・鳥類などを食べた話が多い。食べた者の地位・職業は、貴族・僧侶・武士、および地方の豪族などさまざまである。一般衆庶も野生動物の肉を食べたと推測される。このような食習慣は、中世以後も変化しなかった。

つぎは労役用の動物（上記2）だが、ウシとウマがこれに使われたことは、いうまでもない。表1において、ウシとウマが人に変身することはない。逆に、人がこれらの家畜に変身する例はある。なぜだろうか。ウシとウマは、人に使役されるので人より一段下の存在と認識された。したがってウシやウマは、人に化けて人と対等につきあうことはできない。そして人がウシ・ウマに変身する説話は、仏教の六道輪廻説の強い影響のもとに形成された。つまり人が世にあるとき比較的軽微な罪を犯した場合、その人は死後畜生界に転生する。『日本霊異記』には、財物を盗んだり、借りて返却しないまま死んだ男が、ウシになって労役に使われる話が五例も出てくる。表1で、人がウシ・ウマに変身するのは、このような死後転生の変形であった。

ついでながら、人が鳥類に変身する話が多いのは意外であるが、これは人の死後、魂が天上に浮上するという考えに由来する。『古事記』景行記・『日本書紀』景行紀にすでに、ヤマトタケルの魂が白鳥と化して飛び去るエピソードが記される。鳥の姿で示現する魂は、世界の少なからざる文化に共通するイメージであった。人がヘビに変身するのは、さきに述べたようにヘビが死霊の象徴とされたからである。ヘビの気味の悪さと地中に巣をつくる習性が、そのようなイメージをつくりだした。日本における伝統的な葬法は、土葬であった。火葬をおこなっても、骨は地下に埋める。モグラに変身する話も意表をつくが、おそらくこの動物の地中生活に由来する。ネズミの場合も、ヘビ・モグラに準じて理解すればよい。人がイノシシ・シカに変身しないのは、これらの動物がヘビなどと違い、死後の状態を表す積極的なイメージを示さないから当然である。さらに、イノシシ・シカは食用の対象になった。人がこれらの動物に変身すれば、人肉食の禁忌にかかわってくるだろう。

人の娯楽に利用される動物（上記3）の話に移ろう。六世紀の群馬県オクマン山古墳には、手にタカを止まらせた鷹匠の埴輪が出土している。鷹狩は、近世にいたるまで盛んにおこなわれた。そのほか鳥類を使った遊戯には闘鶏がある。『日本書紀』雄略紀の鶏を闘わせたという記録がもっとも古く、『日本三代実録』元慶六（八八二）年二月二八日条にも闘鶏の記事を見ることができる。つづいて『日本紀略』天慶元（九三八）年三月四日に、その報告がある。このころは上巳の節句（三月三日）に五穀豊饒を願う年占行事としておこなわれたが、やがて遊戯の色彩が濃厚になった。平安朝貴族の日記にはその記事が多い。特殊な遊戯としては、ヤマガラの芸が知られている。一四世紀初期成立の歌集『夫木和歌集』は、つるべ上げの芸がすでに披露されていたことを示唆する歌を収める。近世になるとヤマガラの芸幅は広がり、輪抜け・カルタ取りなどがレパートリに入った。

競馬の始まりは非常に古く、『日本書紀』天武紀にそれらしい記事が見えるが、まだ本格化していなかった。『続日本後紀』承和元（八三四）年五月六日条に、「馬を馳せ競う」とある。このころは、端午の節句にともなう五月五・六日の朝廷の年中行事の一環になっていたようである。

サルにウマを護らせる民俗（図2）は、平安時代に始まったようである。インドの習俗の輸入だといわれている。そしてサルを連れて厩祈祷を終えた下級宗教者は、ひきつづき猿舞の芸を披露したの

図2　厩につながれたサル（『石山寺縁起』、14世紀初頭）

が、サルまわしに発展した。文献では、『吾妻鏡』寛元三（一二四五）年四月二一日、足利義氏が将軍藤原頼嗣に献じたサルが、「舞踏すること人倫のごとし」と書かれている。サルまわしの全盛期は、近世であった。

近世末期になるとネズミを踊らせる芸が見せ物になった。山崎美成の『提醒紀談』（一八五〇年刊）によると、ネズミの後ろ足に履物をはかせ、熱した炉の上に乗せる。ネズミは前足が熱くてたまらないので、後ろ足だけでたって跳ねる。こうして踊りの練習をさせた。

さいごに愛玩動物（上記4）について述べる。京の貴族のあいだで平安時代初期から、小鳥の飼育がなされていた。『続日本紀』承和七（八四〇）年五月八日条には、淳和天皇の死去にともないタカや籠中の小鳥を放させた、と記す。仁明天皇の病気が重篤になった嘉祥三（八五〇）年二月五日条にも、タカ・イヌ、および籠中の小鳥を放ったという記事が出る。一二世紀になると、京では小鳥の飼育がかなり普及していたらしい。藤原宗忠の『中右記』永久二（一一一四）年九月八日条は、「近日京中小鳥小鷹を飼う輩、その数ある由」だが、これが禁じられたという。ただし小鳥の種類は特定できず、またこの禁令が一時的なものだったのか、継続的なものだったのかもわからない。籠の小鳥は、もともとはタカの餌として飼育され始めた可能性が強い。そのことと矛盾するようだが、籠のなかで餌付けして飼う小鳥にたいしては、おのずから愛情が生まれることもあったに違いない。いずれにせよ、小鳥の飼育が盛んになるのも、近世に入ってからのことであろう。

ネコの飼育について、もっとも早い情報は、『宇多天皇御記』寛平元（八八九）年二月六日の条に見え、のちは一〇〇〇年前後に成立した『枕草子』・『源氏物語』などを通じてよく知られている。ネズミは近世後期に愛玩用に飼育され始めた。百井塘雨の『笈埃随筆』（一七九〇年ごろ成立）には、「此のころ鼠を玩ぶ事流行して、種々の奇鼠を出す」と述べている。手軽なので、都会の商店の使用人もネズミを愛玩したらしい。ついでながら、先に述べたヤマガラの芸もネズミの芸も、飼育が普及したことを前提にして実現されたのであった。

広くは愛玩動物のうちに入るが、日本に原産しない動物が、朝廷や将軍に献上された例も古くから記録されている。『日本書紀』推古二二（六一四）年六月八日には、新羅がクジャクを献じたとあり、大化三（六四七）年にも新羅がクジャクとオウムを献上したという記事がある。以後クジャク・オウムの献上記事はかなり多い。前記嘉祥三年に鳥を放ったさいにもオウムだけは籠に残されたが、このオウムは承和一四（八四七）年に、唐から帰朝した慧雲が献じたものだったようだ。

海外からの献上動物で目立つのは、ヒツジである。『日本書紀』推古七（五九九）年九月一日には、百済からラクダ・ロバ・ヒツジ・白キジが献上された。以後八二〇年・九三五年にもヒツジが将来される。源俊房の『水左記』承保四（一〇七七）年六月一八日条にもヒツジ献上の記事があるが、「その毛白きこと白犬のごとし。各胡髯あり。また二角あり。もっとも牛角のごとし。身体鹿に似る。その大きさ犬に大す。その声猿のごとし」と述べられているところから判断すると、これはヤギだったのだろう。

室町時代になると、トラやゾウが舶来するが、以降の時期についてはスペースの関係で紹介を避けたい。

イヌの境遇

今までイヌの話を出さなかった。イヌが日本人の歴史のなかで重要でなかったからではなく、その逆だから別だてで述べようとしたのだ。

イヌは、おそらくオオカミに由来する非野生品種である。その点でイヌが家畜学における家畜の範疇に入ることは疑いない。しかし古代以来二〇世紀初期にいたるまで、拘束飼育されたイヌは少数であった。多少とも人になじんだイヌの圧倒的多数は、特定の個人や家族に属したわけではなく、いわば村や町に属し、その範囲で自由に行動した。これらのイヌと人になじまない野犬との区別は、あいまいといわざるを得ない。

街をうろついているイヌが、どれほどはびこっていたかを知るには、正史を見ればよい。『日本三代実録』には、内裏内や貴族の邸内でイヌが死体をさらけ出した事件が、天安二（八五八）年～仁和三（八八七）年の三〇年間に、少なくとも一八回記録されている。しかし現実には、これよりはるかに多くイヌの死体が人の目に入ったはずである。イヌの死自体は、正史に掲載するほどの大事件ではない。イヌの死が発する穢れのために、神事・祭礼などの行事が延期されたり、実施方式の変更を余儀なくされたりするから記録されたのである。

元慶年間（八七七～八八四年）の犬の死穢の記録を拾うと

元慶二年　一一月二一日／一二月一一日
　三年　一二月一一日
四年　六月一一日／九月一一日
六年　六月一一日／一二月一一日
七年　六月一一日

となっている。一一日が多いのは偶然ではない。毎年六月と一二月の一一日には、定例の神今食祭がおこなわれる日であった。この日、天皇は神嘉殿で神と酒食をともにする。八年間一六回の神今食のうち六回が、イヌの死穢の期間とぶつかったので、変更を迫られた。『延喜式』（九二七年成立）巻三によると六畜の死穢期間は五日だから、内裏内でイヌが一日に少なくとも一匹死ぬ確率は、五分の一×一六分の六＝四〇分の三となる。少なくとも一〇日あまりに一匹のイヌの死体が発見されるという頻度の高さから推定すると、内裏のなかでイヌが死ぬのはおそらく日常化していた。ちなみに、元慶二年一一月二一日にはイヌ死穢のため大原野祭停止、四年九月一一日はおなじ理由による伊勢奉幣停止の記録がある。

死んだイヌのうちには、飼育されていたものもいただろうが、多くは内裏内外行動自由のイヌであったに違いない。その証拠に、内裏内でイヌはしばしば無残な行為をなした。『日本三代実録』貞観五（八六三）年一〇月三〇日条は、イヌが死人の骸をかじった、と報告する。類似の記録は、そののちの史書・日記に多い。なかには死体を食ったのではなく、生きた幼児を食い殺すこともあった。藤原宗忠の『中右記』の寛治六（一〇九二）年五月一九日条によれば、内大臣の邸内で、小児の身体がイヌに食い荒らされて、ばらばらになっていた。内裏や貴族の邸内でも、イヌの行動はこのようだった。一般衆庶の住む町や村の状況は、推して知るべし。

イヌが人を食うならば、人のほうも負けてはおらずイヌを食った。貴族はイヌを食べる必要はなかっただろうが、衆庶のイヌ食いはいつの時代にも見られたのではないか。ことの性質上文献的な記録は乏しいが、福山市草戸千軒の中世遺跡から、大量のイヌ骨が出土した。出土した全動物数の三分の二に達する数である。調理した跡のある骨は、イヌ食を証拠づける。ついでながら、哺乳類でイヌについで多いのは、シカ・ウマ・ウシの順になる。ところが不思議なことに、イノシシの骨が発見されない。イヌの骨の頻出とイノシシの骨の欠如のあいだに、相関関係があるのではないだろうか。なんらかの理由でイノシシ肉の供給がなかったので、イヌで補ったのかも知れない。あるいは逆に、ひんぱんにイヌ狩りなどがおこなわれ、イヌの肉が廉価で提供されたため、イノシシの肉は顧みられなかった可能性もある。

もちろんイヌは人の役にも立った。人の食事の残りゴミをねらってオオカミが人の住居に近づき、結果として警備役を果たすようになったのが、オオカミのイヌ化のきっかけだったという説もある。日本でも、イヌは古代以来食用はべつとしても、警備をはじめさまざまな点で人に貢献した。『日本書紀』雄略紀では、雄略天皇の命令で小野大樹が人文小麻呂を攻め、その家に火をつけた。そのとき炎のなかから白イヌが現れ大樹に抵抗した。

狩猟にはイヌがつきものだった。銅鐸にイヌを使ってイノシシを追い込む場面が描かれているから、弥生時代の狩猟にイヌが使われていたことは間違いない。以後現在の猟師にいたるまで、イヌを狩猟に利用した。とくに古代の狩猟犬に固有名詞がつけられていたことには、注目しなければならない。『日本書紀』垂仁紀における丹波国桑田村の甕襲の飼イヌは、アユキという。『播磨国風土記』で応神天皇がイノシシを追わせたイヌは、マナシロとよばれた。この二つの話は、いずれも史実ではなく伝承にすぎないが、八世紀には、イヌに固有名詞をつける習慣があったことを示す。固有名詞はがんらい人にのみつけられるべきものだから、固有名詞を持ったイヌと人のあいだには、ある種の愛情が芽生える機会があっただろう。イヌ愛玩への距離は、一歩縮まった。

イヌの警備・狩猟で果たす能力は拡大解釈されて、この動物は異類の存在を察知し、それを退ける力が備わっている、とも考えられた。人に化けたキツネやタヌキの正体を見破るのは、『日本霊異記』

以来イヌの役割だった。近世の『曽呂利物語』（一七世紀初期成立）・『耳袋』（根岸鎮衛、一八一四年成立）では、それぞれイヌが鬼・疱瘡神を追い出した。このような能力はマジナイに取り入れられる。近世には小児誕生のさい、魔障を除くために犬箱・犬張子をそばに置く習慣があり、また小児の額に紅脂で「犬」の字を書くと、魔除けになると信じられた。

確信はないが、葛飾北斎の『北斎漫画』八編（一八一九年刊）に盲導犬ではないかと疑わせる絵がある。図3にあるように、笠をかぶる男が杖を持ち、縄をつけたイヌとともに歩く。縄つきのイヌは狩猟のときに見られるが、この絵では男は弓も鉄砲も持っていない。うしろ姿なので、顔のようすは判定できないが、目の不自由な人がイヌを頼りにしていた可能性がある。北斎は、故意に男の姿をうしろ向きに描いたのかも知れない。

図3　イヌを引く人、または人を引くイヌ（『北斎漫画』8編、1819年刊）

イヌは警備・狩猟に使役される動物であるかぎり、現代のイメージ（表3）においても家畜の要素を持つことは否定できない。けれどもウシやウマの労役にくらべて、イヌの仕事とくに狩猟は、この動物の自発的活動に依存する。それゆえイヌは、人の生前の小悪の報いでおちる畜生界のシンボルにされる傾向は弱かった（表1）。

イヌは武士たちの娯楽にも利用された。閉鎖された場所に追い込まれたイヌを弓で射る競技、すなわち犬追物が、鎌倉時代

図4　犬追物　『犬追物絵巻』（江戸時代）

以後大いに流行した。初出は『吾妻鏡』承久四（一二二二）年二月二六日条である。将軍の地位につく前の藤原頼経、執権の北条義時が臨席し、イヌ二〇匹が放たれ射手四騎でこれを追った。以後競技の規模は拡大する傾向があり、室町時代にはイヌ一五〇匹、射手三六騎を例とするようになった。戦国時代の武士は、イヌを追うより人を追うのに忙しく、犬追物はすたれたが、近世にこの競技は復活する（図4）。

イヌは犬追物以外においても、人の慰みに寄与した。鷹狩りには、イヌは猟犬として参加したが、それだけでなくタカの餌としても多用された。地方の近世大名がタカを将軍に献上するため江戸まで運ぶときには、小鳥とイヌをつける。イヌはのこのこと歩いて行く途中で、殺されてタカの餌と化す。なんとも哀れな話ではないか。

イヌ芸が見せ物にならなかったわけではないが、それは例外的なケースだったようだ。『見世物雑志』（小寺玉晁、一八三六年以後成立）によれば、名古屋の見せ物で六本足のイヌのカンカン踊りが披露された。これもあまりいい話題ではない。

イヌ愛玩の歴史も長い。平安時代の宮廷でイヌが愛玩用に飼育されていたことは、『枕草子』における翁丸の例で知られるが、八世紀にすでにイヌが愛玩の対象になっていたのではないか、と思わせる伝承もある。『播磨国風土記』には、景行天皇が印南の別嬢に妻問いに出かけ、彼女が飼育していた白イヌに出会うくだりが記される。若い女性が飼育していたのだから、おそらく愛玩用だったのだろう。ただし拘束飼育ではない。イヌの愛玩が本格化するのは、他の動物とおなじく近世に入ってからのことである。とくに元禄のころから、室内犬としてチンが愛用された。当時の人びとは、チンをイヌとネコの中間的な存在とイメージしていたらしい。

おわりに

日本人の動物観の特徴を今まで述べてきたところからいくつかあげよう。第一に、動物をある種の信仰の対象とし、それが現在まで続いてきた。関連して、特定の動物が人に化けると信じられた。第二に、原則として食用の家畜を飼育しなかった。全般に哺乳類食の習慣は、比較的弱かった。第三に、人はイヌとの多面的接触のなかで犬追物のような競技をつくった。第四に、日本人にとくになじみ深い哺乳類を順不同であげると、イヌ・ネコ・ウシ・ウマ・キツネ・タヌキ・シカ・イノシシ・サル・

ウサギ・ネズミということになろうか。

参考書

原田章雄『犬と猫』毎日新聞社　一九八〇年
梶島孝雄『資料　日本動物史』八坂書房　一九九七年
小山幸子『ヤマガラの芸』法政大学出版局　一九九九年
塚本学『江戸時代人と動物』日本エディタースクール出版部　一九九五年
中村禎里『日本人の動物観』海鳴社　一九八四年（ビイング・ネット・プレス　二〇〇六年再刊）
中村禎里『日本動物民俗誌』海鳴社　一九八七年
中村禎里『動物たちの霊力』筑摩書房　一九八九年
中村禎里『狐の日本史』古代・中世篇　日本エディタースクール出版部　二〇〇一年
原田信男『歴史のなかの米と肉』平凡社　一九九三年
広瀬鎮『猿』法政大学出版局　一九七九年
山口健児『鶏』法政大学出版局　一九八三年

古代・中世史のなかの動物たち

古代の家畜と動物神

古い時代の日本人は、どのような動物にどのような立場から関心を抱いてきたのだろうか。焦点がぼけないように、話題を哺乳類とヘビにしぼって、見ていくことにしよう。

まず古代の八世紀から中世の一四世紀に至るまでの、いくつかの史書・地誌・歌集・説話集・物語に登場する哺乳類の名とヘビを表4に示した。この表をみれば、古代・中世の日本人に一貫して親しまれた哺乳類は、ウシ・ウマ・イヌ・シカ・イノシシ・キツネ・サルおよびネズミであることがわかる。そしてこれらの動物が、キツネとネズミを除いて埴輪に造形された哺乳類に一致することも注目される。一方で、表の中にもっと多く現われてもよさそうなのに、意外に出現頻度が低い動物がある。ネコ・タヌキおよびカモシカがそれに該当しよう。リスやモグラは一回も姿を現さない。このような事実は、古い時代の日本人の動物観を反映している。

天武四（六七五）年四月、「禽獣食禁の令」が出された。けれどもその対象はウシ・ウマ・イ

表4　古代・中世の文献および埴輪に出現する哺乳類とヘビ

	埴輪（古墳時代）	『古事記』（712年）	『日本書紀』（720年）	『風土記』（8世紀前半）	『万葉集』（8世紀後半）	『日本霊異記』（820年頃）	『源氏物語』（11世紀初頭）	『本朝法華験記』（1040年頃）	『今昔物語集』（1110年頃）	『宇治拾遺物語』（1200年頃）	『平家物語』（13世紀）	『古今著聞集』（1254年）	『沙石集』（1283年）	『元亨釈書』（1322年）	表の文献における出現回数
アシカ	—	?	—	—	—	—	—	—	—	—	—	—	—	—	0+
イタチ	—	—	—	—	—	—	●	—	—	—	●	●	—	—	3
イヌ	●	●	●	●	●	●	●	●	●	●	●	●	●	●	13
イノシシ	●	●	●	●	●	●	—	●	●	●	—	●	—	●	10
イルカ	—	●	—	—	—	—	—	—	—	—	●	—	●	—	3
ウサギ	—	●	—	●	●	●	—	—	●	—	—	—	—	—	5
ウシ	●	●	●	●	●	●	●	●	●	●	●	●	●	●	13
ウマ	●	●	●	●	●	●	●	●	●	●	●	●	●	●	13
オオカミ	—	—	●	●	●	—	●	●	●	●	—	—	—	●	8
カモシカ	—	—	●	—	?	—	—	—	—	—	—	—	—	—	1+
キツネ	—	—	●	●	●	●	●	●	●	●	●	●	●	—	11
クジラ	—	—	●	—	●	—	—	—	—	—	—	—	—	—	2
クマ	—	●	●	●	●	—	●	●	●	—	—	●	—	—	8
コウモリ	—	—	●	—	—	—	—	—	—	—	—	●	—	—	2
サル	●	—	●	●	●	●	—	●	●	●	●	●	●	●	11
シカ	●	●	●	●	●	●	●	●	●	●	●	●	●	●	13
タヌキ・アナグマ	—	—	●	—	—	—	—	—	?	?	?	?	—	—	1+
テン	—	—	—	—	—	—	—	—	—	—	—	●	—	—	1
ネコ	—	—	—	—	—	●	●	—	●	●	●	●	—	—	6
ネズミ	—	●	●	●	●	—	—	●	●	●	●	●	●	●	11
ムササビ	●	—	—	●	●	—	—	—	—	●	—	—	—	—	3
ヘビ	—	●	●	●	●	●	—	●	●	●	●	●	●	●	12

ヌ・サル・ニワトリに限定されている。埴輪として出土し、また表の諸書に多く出る動物と、禁制対象の動物との対応は印象的である。埴輪の哺乳類からシカとイノシシを除くと、そのまま食禁哺乳類のリストとなる。このことからもわかるように、古代日本人の関心をもっとも強くひきつけた哺乳類は家畜のウシ・ウマ・イヌ、人もどきのサル、および食用に最適のシカ・イノシシに二分されていた。なおシカとイノシシは、山神の動物形態としても有力だったろう。『古事記』景行紀でヤマトタケルを苦しめた足柄の坂本のシカ、伊吹山のイノシシは、いずれも山の神である。さらにシカの鳴く声は、平安貴族が情緒を託する月並みの手段でもあった。

つぎに日本人の食肉習慣を見てみよう。ウシ・ウマ・イヌは、食肉以外の目的に有用であるからこそ屠殺を禁止された。つまり明治以前の日本人は、食用のために特定の家畜を定めることなく、むしろ野生獣を捕らえて嗜食した。この点では日本人は、動物にたいし大陸人と逆の態度を選択したのである。大陸人は、ブタ・ヒツジ・ヤギ・ウシを食用として家畜化し、それゆえ狩猟の主目的は食用獣の確保ではなく毛皮の獲得とスポーツであり、狩猟さえ自制すれば野生動物を「愛護」する心理的態度を育むことができた。一方、日本人はというと、家畜のウシ・ウマを家族同様に「愛護」する伝統を形成した。

全般に古代以来獣肉食は、日本人の各階層を通じて広く行われたと思われる。『延喜式』(九二七年)の内膳司によれば、正月供御の品目としてイノシシとシカの肉が挙げられており、『今昔物語集』にはシカ・イノシシ・ウサギを食した例を多く見ることができる。一例のみを挙げると、巻三〇―一二

図5　二条天皇が乗る牛車（『平治物語絵詞』、13 世紀）

話では、山里に住む男の新妻がシカの鳴く声を聞いて、「煎物にてもむ（う）まし。焼物にてもむまき奴ぞかし」と感想をもらす。そこで男は彼女にすっかり興ざめしてしまう。

しかしこのような野生獣の入手の機会は不定期であり、量的にも不十分であった。このデメリットは、長い海岸線がもたらす魚貝類の入手の容易さというメリットと、ワンセットになっていた。

ウマとウシ――武士と公卿・僧侶

ウマは支配階級の、のちには武士の象徴であった。古墳時代にすでにウマがステータス・シンボルであり、また良馬が渇求されていたことは、埴輪や彩色古墳壁画をみれば明らかであろう。竹原古墳石室正面には、人に手綱をとられたウマが描かれ、その上にあと一頭ウマに似た大きな不思議な動物が示されている。これは、飼いウマを水中の竜馬と交配させようとしている場面だ、とい

図6　騎乗の武士（『平治物語絵詞』、13世紀）

う説が有力である。こうして絶妙な良馬が得られるはずであった。文献史料からさらに一例を挙げると、ずっと時代を降って『続日本紀』養老五（七二一）年三月の項には、「王侯卿士および豪富の民、多く健馬を畜へて競ひ求めること限りなし」と記されている。

やがて平安時代に至り、貴族が牛車を用いるようになった。『三代実録』貞観一七（八七五）年の記載が早い例である。それまでウシの主たる役割は農耕であり、その点でステータス・シンボルとしてのウシは、ウマの下位にあった。しかし牛車の発達および閻魔天騎乗のウシなど仏教との関連により、ウシは公卿と僧侶を象徴し、ウマは武士階級に帰属することになる。

ここで興味ぶかいのは、太刀を佩いて颯爽たる武士に駆られた駿馬のパロディとしてのウシの伝承である。それは一二世紀初期の『今昔物語集』

と『続本朝往生伝』(大江匡房)において初出し、ついで『宇治拾遺物語』(一二〇〇年ごろ)などにも現われた。この三者の説話内容は互いに異なるが、武士に代わって僧侶、ウマに代わって雌ウシ、太刀に代わって干鮭という点で共通する。ここでは『今昔物語』巻二八―三五話を紹介しよう。後一条天皇のとき(一一世紀はじめ)催された競馬の会で、左方からは近衛舎人の下野公忠が見事な装束をつけ大刀を佩き、駿馬にまたがって登場したが、右方からは貧相な老法師がぼろぼろの衣をまとい、干鮭を刀の代わりに差し雌ウシに乗って、よろよろと出てきた。公忠は、辱めを受けたとして怒り憤った。ウシは武士と太刀にはふさわしくなかったのであり、雌ウシ・干鮭・下級僧侶と比べられることは、騎乗し大刀をつけた近衛舎人にとって、屈辱以外のなにものでもなかったのであろう。

サル――その二面性

日本人の感性は、サルに相反する二つの面を見いだした。この動物は、一つには異相の人であるゆえに、神またはそれに近い存在と見なされた。『日本書紀』皇極紀においては、三輪山のサルが山背大兄王の滅亡を告げ、伊勢大神の使いとされたサルが板蓋宮の荒廃を予言した。『日本霊異記』(景戒、九世紀初期)巻下―二四話には、インドの大王が死んでサルに生まれかわり、近江国野洲郡の社の神になった、と語られている。そして中世以降になると、サルは日吉山王の使者として有名になった。天台僧が著した『耀天記』(一二二三年)にはすでに、その旨が記されている。『平家物語』(一三世紀)巻一においても、ある人の夢のなかで、サルが山王の怒りを示現し松火をともして比叡山をくだ

り、京の街を焼き払ったと述べられる。けれども他面サルは、『万葉集』巻三に、

あな醜　賢しらをすと　酒飲まぬ
人をよく見れば　猿にかも似る

とうたわれているように、人に似ているが人より醜いと感じられ、人の醜貌の形容にも使われた。

ネコとタヌキ――混同と識別

ネコは奈良時代に大陸から入ってきたと言われている。表4の初期の文献にこの動物が姿を見せないのは、そのせいである。縄文時代には日本の本州・四国にもヤマネコが生息していたが、弥生時代にはおそらく絶滅してしまった。

飼いネコがでてくるもっとも古い文献は、『日本霊異記』である。その巻上―三〇話によれば、慶雲二（七〇五）年の頃、豊前国の膳広国の死んだ父が、ヘビやイヌやネコに姿を変えて彼の家の中に入った。ネコについていうと、著者の景戒の元来の表現は「狸」であり、彼がこの狸にどのような日本語を対応させようとしたかは不明である。しかし延喜四（九〇四）年写の興福寺本では、狸はネコと訓じられており、またこの動物がイヌと前後して家に入るという事情から、『日本霊異記』の狸はネコと判断してよいだろう。

史料におけるネコの初出は『宇多天皇御記』寛平元（八八九）年二月六日の記述である。これは猫の字で表現されているのでネコに間違いない。源精が大宰府から持ち帰ったものであった。

ところでネコに関連して、ネコマタと称する怪獣が中世の文献に現われる。初出は、藤原定家の『明月記』天福元（一二三三）年八月二日の項で、これによれば、当時奈良にネコマタという獣が出没し、一夜に七〜八人を食い殺した。その目はネコのごとく、大きさはイヌほどであった。ネコマタはネコに似ているが、ふつうのネコよりも大きいらしい。そこで、この妖獣の正体を推定してみたい。

図7　怪しいネコ的動物（『鳥獣人物戯画』甲巻、12 世紀半ば）

一二世紀なかばころ成立した『鳥獣人物戯画』甲巻においては、サル・ウサギおよびカエルが主役として活躍し、これにキツネ・ネズミ・シカ・イノシシ・キジ・コノハズク・ツル・水トリ・カメ・ヘビが加わる（鳥類の名は不確定）。そのほか、キツネに似ているが小型で丸顔の動物と、ネコ的動物が顔を出す。前者については、子ギツネ・テン・イタチなどの解釈があり、後者はふつうネコまたはトラと見なされている。たしかに田楽を見物するネコ的動物（図7）、蹴鞠を観るネコ的動物は、『信貴山縁起』（一二世紀後半）の飼いネコ（図8）とようすが異なり、奇怪な野性を示す。とくに蹴鞠の場面のほうはトラと解したくなる。しかし毛皮の模様などのいくぶんの相違を除くと、その形態と付属する小道具が田楽を見物する方の動物と等しいので、両者を異種と判定することはできない。蹴鞠のほうの絵は模写しか残っていない。模写の過程で毛皮の模様などに変化が生じたのであろう。

図8　人家に飼われているネコ（『信貴山縁起』、12世紀後半）

さて『鳥獣人物戯画』甲巻に登場する動物は、問題のネコ的動物を除くと二つの共通点を有する。第一にすべて野生動物であり、第二にいずれも一二世紀の日本に生息していた動物である。この二つの基準に照らして、ネコ的動物を推定したらどうなるだろうか。飼いネコは野生動物ではないから、『鳥獣人物戯画』甲巻にはなじまない。トラは日本に生息しないので、やはりここに登場するのにふさわしくない。してみるとこれは、野生のネコと見なすべきだろう。もちろん一二世紀の日本にはヤマネコは存在しない。

そこで一つの可能な結論が導きだされる。このネコ的動物こそが、ネコマタではないか。

狸の怪異は『宇治拾遺物語』に始まる。その巻八—六話で、狸は普賢菩薩に化けて現れ、猟師の矢に射られて命を落す。ただしこの狸の日本語訓みは不明である。そして興味深いことに、『今昔物語集』巻二〇—一三話はこれとまったく同形の説話であり、ただ狸の役割を野猪が演じる。

『古今著聞集』六〇三話においては、水無瀬山の奥の古池のなかに光が現れ、岸の松の木との間を飛び移り、たびたび人をとらえては池に引きずり込む。そこで源仲俊がその正体を見届けると、老婆の姿をしていた。さらにそれを刺し殺すと、狸になった。この狸は空中飛翔と池中の行動をみると、どうもタヌキらしくない。ちなみに『類聚名義抄』（一二世紀）で狸・貍の訓みは、タヌキ・イタチ・野ネコ等、また『覚禅鈔』（覚禅、一二〇〇年頃）西南院本の狸（訓はたぬき）は、池田啓の鑑定によれば、中国のジャコウネコ科の一種に近い。

中国では狸は、ヤマネコ・ジャコウネコなど中型のネコ的野生動物の漠然たる総称だったようである。そして狸は『捜神記』（干宝著、四世紀）以来、キツネとともに大いに怪異を発揮してきた。これが日本の知識人に影響をあたえ、彼らは中国の狸に相当する山の動物を日本においても想定したのではないか。かくてタヌキ・イタチ・テン・アナグマ・ムササビ・小イノシシおよび野生化した飼いネコなどが、狸・たぬきの概念に曖昧に包摂されたのだと思われる。ネコマタもまた、狸イメージの一構成要素だったのであろう。それならば狸の怪とネコマタの出現の時代がほぼ一致するのも、理解できる。こう考えると、『鳥獣人物戯画』甲巻のネコ的動物は、じつは当時における狸の一つの解釈だったのかも知れない。

ヘビ――神または死後の形態

最後にヘビについて、いくらか触れよう。『日本書紀』崇神紀に現れる三輪山のオオモノヌシをはじめ、古代の日本においては、ヘビの姿で現れる山神が各地で信仰されていた。この山神は、その後、一方では水田耕作の拡大とともに陸水を支配する農耕神へと展開し、他方では、人の死後の霊の象徴としての面を強くしていく。

『本朝法華験記』(鎮源)巻下―一二九話に初出する道成寺説話のヘビは、後者の一面を代表する。この説話では、熊野に詣でる僧との再会の約束を破られた女性が、ヘビと化し僧を追う。僧は道成寺の鐘の中に逃げ込むが、鐘に巻き付いたヘビの毒気の熱に焼かれ、命を失う。

道成寺のヘビは、憤死した女性の霊の象徴であるが、この説話はすでに仏教的な装飾をうけている。つまり六道輪廻の思想が日本に流入するとともに、死霊の象徴としてのヘビが、死後転生する畜生界の観念と結合した。『日本霊異記』以後の説話集では、金銭を蓄えて隠した程度の罪のかどで、死後ヘビに堕ちた僧や俗人の話が頻出する。またヘビほど例数は多くないが、人がウシ・ウマ・イヌなどの家畜に転生する説話も少なくない。

六道輪廻の思想によれば、人と動物は、死を媒介にして互いに転生しあう点で連続した存在であるが、同時に畜生界はあくまで人界の下位におかれる。ここで初めて日本人は、自己と動物との相対的な位置関係をはっきりと意識するようになったと思われる。

異郷に住む動物たち

遥かなるわにの国　亀の郷

『古事記』（七一二年成立）・『日本書紀』（七二〇年成立）に伝えられた山幸彦とトヨタマ姫の物語は、あまりにも有名である。ストーリーの紹介は控えたいが、本稿の文脈で不可欠な部分は、多少煩雑になるが詳しく記しておく。

　失われた針をもとめて山幸彦がたどりついたのは、海底の海神の宮（『日本書紀』本文）、綿津見《わたつ》神《み》の宮（『古事記』）であった。『岩波古語辞典』によれば、わたつみは「海つ霊」。山幸彦はここでトヨタマ姫と結ばれ、三年の月日を経て日本列島に戻る。すでに妊娠していたトヨタマ姫は、夫の後を慕いきて、海浜にしつらえた産室のなかで子を産もうとする。彼女は産室に入るとき、「凡てあだし国の人は、産む時になれば、本つ国の形を以ちて産生むなり。……願はくは妾をな見たまひそ」（『古事記』）と、夫に請うた。そういわれると覗きたくなるのが人情であろう。山幸彦は妻の出産する姿を見てしまった。本つ国における彼女の正体は、竜（『日本書紀』本文）・八尋和邇《わに》（『古事記』）・八尋鰐（『日本書紀』第一・第三の一書）であった。トヨタマ姫は、「いとはずかし」と嘆き、海坂を塞いで（『古事記』）海神の国に帰る。山幸彦は、海神からもらった塩盈珠・塩乾珠を用いて国土を征服した。

鰐・和邇の意味を考えなければならないが、諸説考量のうえに得た結論だけを述べておく。要するに「わに」とは、「古人が海の支配者と考えていた神怪な動物で、ある一定の動物に限定できぬいろいろの動物の性質の複成してできたもの」という松本信広(7)の説を支持したい。竜はもちろん海の神怪な動物の範囲に入る。『日本書紀』に資料を提供した者、あるいは編集者の「わに」解釈だったのだろう。以降においては、この動物をわにと表記する。

山幸彦とトヨタマ姫のあいだに生まれたのが、ウガヤフキアエズである。彼は神武天皇の父にあたる。ウガヤフキアエズは、トヨタマ姫の妹＝タマヨリ姫に養育され、長じて彼女と結婚した。神武天皇はタマヨリ姫の腹の子だった。こうして見ると、神話上の初代天皇に、わにの血が濃厚に入りこんでいることは明らかである。つまり神武の遺伝子の四分の三は、わにに由来するとしなければならない。神武は、形成されつつあった日本民族の一部集団の象徴だっただろう。この集団に属する人びとにとって、海の彼方にある海神の国は、まだ見ぬ遥かなる母の国、わにの郷であった。

動物は、しばしばこれを信仰する人びとの影であった。信仰集団の内部では、信仰する動物神・動物祖先は自らの優越性を誇示する標識とされたであろう。山幸彦の子孫たちは、山のみならず海をも支配する力をわにから得た。あるいは、彼らのゆかりの動物名は、集団外の人びとからは侮蔑の感情を伴ったニックネームとして用いられたかも知れない。そこで、古代のわにに信仰に関連した集団について考えて見たい。

まず山幸彦神話の類話の海外分布を、松本信広にしたがって瞥見しよう。失われた釣り針を探しに異郷に赴くモチーフをふくむ伝説は、ミクロネシア・セレベスなどに存在する(7)(8)。しかし本稿の主旨から見ると、釣針のモチーフよりは、別の要素、つまり異郷における異類との結婚、そしてその子の誕生の話柄の方が重要であろう。このテーマにかんしても、松本(8)はビルマのシャン族の伝説に注目する。ここではわにの役を竜(ナーガ)が演じるが、話の筋は山幸彦の神婚神話に驚くほど似ている。

クン・アイという青年が、人の姿をとって湖から現われた竜女と恋におちいり、竜の国へ行く。彼女は竜王の娘であった。クン・アイは、その世界が竜の国だとは気がつかない。王が、国のすべての竜に人の姿になるよう命じた結果である。二人は結婚して王宮で幸せに暮らすが、竜の祭の日、クン・アイの妻は夫に外を見ないよう乞うて出かける。クン・アイが好奇心にかられて屋根にのぼり外を見ると、全土は竜が狂い舞う姿に充満していた。クン・アイは故郷に帰りたくなり、妻をつれて湖水の畔に帰るが、妻は子を産んで戻ってしまう。産まれた子は、長じて竜の母の力を借りて王の娘を娶り、メン・マオの王となる。

失われた釣針のモチーフを欠くが、男性の水中異類の国への訪問、異類との結婚、見るなのタブーの違反、故郷への帰還と妻との別離、妻が残した子または孫の王位獲得、これらのモチーフのすべてにおいて、クン・アイ伝説は山幸彦神話と等しい。この伝説がシャン族固有のものか、それとも東南アジアの複数地点で流布していた伝説のうち、消え残ったものがたまたまビルマで発見されたのか、それはわからない。松本(8)は、山幸彦型の伝説はアジアのある一地点に始まり各地に広がり、日本では他のモチーフと錯綜して『古事記』・『日本書紀』に見られる形に完成した、という。始原地が一か所であるかどうかにつては私見を保留するが、海外起源説には間違いあるまい。

それでは、海外で語られていた伝説は、誰によって、そしていかにして日本列島にもたらされたのだろうか。海を移動する人たちにより、海を渡って、この国土に入ってきたことは疑いない。該当者を探そう。

『古事記』巻上には、「綿津見神は、安曇連等の祖神と以ち、いつく神也」と述べられる。『新撰姓氏録』(八一五年成立)右京神別下は「安曇宿祢　海神綿積豊玉彦神子穂高見命之後也」と記す。安曇氏は海人族、すなわち航海・漁撈をなりわいとする集団であった。次田真幸(2)によると、その本拠地は筑前の博多湾沿岸、さらにその活動舞台は対馬・阿波・播磨・摂津へと広がった。彼らは日本近海を自由に移動し、陸上にも進出した。山幸彦神話を日本列島にもたらしたのが、安曇氏であった可能性はきわめて大きい。

山幸彦に征服されたその兄＝海幸彦が、隼人の祖とされている（『日本書紀』）ところから、山幸彦神話の保持者は隼人だとする見解もある。彼らは、日本列島南西方面の海域で活動した海人族であった。あと一つ注目すべき氏族が存在した。それはわに氏である。わに氏にかんしては他の機会[5]に私見を述べたことがあるので、今は省略したい。

山幸彦神話とほぼ同型のものに浦島子の伝説がある。浦島子の伝説は、八世紀には『日本書紀』雄略紀・『丹後国風土記』（七一五年ごろ成立）逸文および『万葉集』巻九の高橋連虫麿の長歌（七三二年作か）に記録された。なお『丹後国風土記』では、浦島子は日下部氏の先祖とされる。

これらの記録のあいだの関係については諸説あるが、水野祐[9]はつぎのように説く。丹後国与謝郡に本拠をもつ日下部氏系の人たちが伝える原伝承がまずあった。『日本書紀』の記載には、末尾において中国の神仙説の影響が加わった。『丹後国風土記』においては全面的に神仙説的潤色がなされた。さらに『万葉集』の浦島子伝承は、摂津の日下部氏の伝える伝承であろう。以上が、水野の主張である。

浦島子の物語もよく知られているので、およそは省くが、現在普及している浦島太郎の物語と比べると亀の役割が違う。『日本書紀』・『丹後国風土記』では、亀が人の女性に変身して、浦島子を海の異郷に誘う。彼が亀を助けるモチーフも見られない。浦島子伝説、山幸彦神話、シャン族のクン・アイ伝説、およびのちに述べるオオナムジ神話、釈迦族の男の伝説を比較し、それらのあいだの重視すべき類似点・相違点を表5に示す。

浦島子伝説の神仙思想による修飾部分を検討すると、まず女性の本体が亀とされている。亀は神仙思想にとりこまれた海棲動物だが、五色の亀や大亀は、海の神怪な動物という意味でのわにの観念にも包摂されるだろう。男性の滞留場所の蓬山または蓬莱山は、あきらかに神仙思想に由来し、そこに滞在した男性には不老長寿が保証される。異郷における短時間が現実世界における長時間と対応するのは、異郷の住者の不老長寿のあらわれともいえよう。異郷滞在の意味が不老長寿にあるならば、男性は異郷の女性に子を宿させる必要はない。自らが永続するのだから、自分の生命の継続を子孫に託さなくてもよいのだ。本人一代でストーリーが完結する場合には、呪宝の役割も、子孫に継承される国土の征服や子孫の王位獲得に無関係でよい。禁忌の意味についても同様のことがいえる。後世代に生命をつなぐ出産場面の禁忌はなじまない。それよりは、不老長寿にかかわる禁忌がふさわしい。

表5　異郷滞留伝承の比較

	山幸彦神話	浦島子伝説			オオナムジ神話	ケン・アイ伝説	釈迦族の伝説
		丹後国風土記	万葉集	日本書紀			
（1）男の名	山幸彦	浦島子	浦島子	浦島子	オオナムジ	ケン・アイ	不明
（2）異郷の女の正体	わにまたは竜	五色の亀	？	大亀		竜	竜
（3）男の滞留した異郷	海底の海神の国	蓬山＝海中の島	常世＝海神の国	海底の蓬莱山	根の国	湖底の竜王の国	池底の竜王の国
（4）男の異郷滞留期間	3年	3年	3年	不明	不明	不明	不明
（4'）現世の対応期間	3年	300年	長い年月	欠	上項と同年月？	上項と同年月？	上項と同年月？
（5）男の滞留の結果	釣針の回収・海神の娘の妊娠	不老長寿	不老長寿	欠	スセリ姫との結婚	竜王の娘の妊娠	竜王の娘との結婚
（6）男が得た呪宝	塩盈珠・塩乾珠	玉匣	匣	欠	生大刀・生弓など	（竜女の援助）	宝剣
（7）呪宝の役割	国土の制服	不老長寿の維持	不老長寿の維持？	欠	国土の征服	（子の王位獲得）	王位の獲得
（8）女が課した禁忌	出産の覗見	玉匣の開封	匣の開封	欠	なし	竜の祭りの覗見	なし

ケン・アイ伝説には呪宝はでてこないが、竜王の娘の援助が大きな意味をもつので、関連事項（6）（7）に記した。

こうして、表5（2）以下の項目の内容は、山幸彦神話・浦島子伝説それぞれの内部でたがいに深く関連しあう。そして神仙的な要素を取り去れば、浦島子伝説は山幸彦神話、およびクン・アイ伝説にずっと近くなるだろう。それでは、浦島子原伝説を伝えた日下部氏は、どのような集団だったのだろうか。水野(9)によると、日下部氏は、日向・豊後・長門・出雲・但馬・丹波・丹後・播磨・摂津・和泉・伊勢・尾張・三河・駿河などに分布し、航海・漁撈をになった一族である。彼らも安曇氏とおなじように、海の外に開かれた生活圏をもっていたに違いない。

この項の最後に、古代の異郷の意味について考えたい。もちろん異郷は、現実世界と「異なる」場所にある。しかし「異」の意味はそれにつきない。異郷は、現実世界と「異なる」秩序を持つ。わかりやすい例は、浦島子の異郷における時間のスケールであろう。『丹後国風土記』の蓬山の一年は、現実世界の一〇〇年に相当する。時間・空間は世界認識の基本的な形式であった。その錯異は、世界の物自体の認識を左右する。また時間・空間の枠組みのなかで、物自体を具体的な事物として認識する感覚は、主として視覚である。異郷において人と見えたものは、現実世界では動物に他ならない。したがって、あちらからこちらに来る瞬間、こちらからあちらに行く瞬間、世界の秩序は突如として転換する。そしてその転換に適応しなければ、二つの世界のあいだの交流は断絶してしまう。トヨタマ姫の「本つ国」の姿が露見したとき、彼女と山幸彦は別れるべき定めになった。現実世界と異郷とのあいだの時間スケールの相違が顕在化したことをきっかけとして、浦島子は亀姫との再会の望みを絶った。

視覚の錯異についてもう少しいうと、トヨタマ姫の「本つ国」における姿はわに（または竜）であった。にもかかわらず、彼女の国に滞在していたときの山幸彦は、彼女をふくめた周囲のものを、わに（または竜）ではなく人と認識した。なぜそう見えたのだろうか。クン・アイの伝説では、異郷の竜王が竜たちすべてに、人の姿をとるよう命じた。日本の山幸彦神話・浦島子伝説の保持者たちは、この点に疑問を感じなかったのだろうか。この件にかんしては、今後すこしずつ考えていきたい。ちなみに、山幸彦の場合も浦島子の場合も、異郷滞在期間は三年である。偶然の一致ともいいがたい。私は、この「三」は、「イチ、ニッ、サン」のサンだと思う。これが最後の機会。三より多い数量は無限定・不確定。だからサンでとびださなければ、ふたたびチャンスは訪れない。浦島子の異郷三年に対応する現実世界三〇〇年は、このサンを一〇〇倍した値に過ぎない。

池底の竜宮　地下の根の国

『今昔物語集』（一一一年〇ごろ成立）巻一六―一五話を紹介しよう。

京の若い侍が、他の男に捕らえられた小さな蛇を助け、近くの池に放つ。蛇は水中に泳ぎ入った。まもなくその蛇は美しい少女と化して現われ、池のなかの父母の家に招待したいという。侍が少女にいわれるままに目を閉じて眠りいったと思うところに、竜王の壮大な宮殿に着いた。竜王は、娘を助けたお礼に侍を饗応したのち、黄金の餅を彼に与える。侍はふたたび蛇の娘に案内され、目を閉じているまに池の畔に戻った。家に帰ると、家族は「何ぞ久しく返り来たらざりつる」と問う。池底への滞留はしばらくの時間と思っていたのが、□（欠字）日もたっていた。侍は、黄金の餅を少しずつ削って他の物に替え、大金持ちになった。黄金の餅は、いちぶ削り取っても、すぐ復元するのだ。

この説話と山幸彦神話、および浦島子伝説との類似を見てとるのは容易だろう。ただし重要な変化もめだつ。くわしくは別著（4）で述べたので、二点だけあげる。一つは、異郷の在所がひろびろとした海から、小さな内陸の池へと縮小した。海人族が奔放に活躍し、人びとが海外から自由に列島に移り住む時代は終わり、日本列島の主要部分は以前よりも閉鎖された社会へと縮小した。異郷の内陸化と小規模化もその反映であろう。それにともない、異郷の住者も小型化した。蛇の父は竜と称するが、しょせん蛇の父にすぎない。私はこれらの現象を陸封とよんだ。

あと一つの変化を指摘すると、異郷の動物は、もはや人の子を宿すことはない。異郷は母の国の資格を失った。こちらの方の変化の原因としては、浦島子伝説の継承をも考慮しなければならないが、同時に蛇のイメージの劣化にも関連する。蛇は、古くから山神・水神・農耕神として信仰されてきた。海のわに・亀の役割を湖・池の蛇が代替し得たのは、この動物が水神の素地を持っていたからである。しかしこれに加え、平安時代にこの動物が死霊の象徴としての性質を強化してくると、人と蛇の婚姻譚は歓迎されなくなった。

二つの変化は、異郷にむけた男の思い入れをも浅薄にした。目をつぶらされていたので、池の面から竜宮に通う経路はあいまいだが、竜宮はそれほど遠いところにありそうに思われない。また男が蛇の女と契ったわけでもない。両方の理由で、男が現世を離れた期間は短い。したがって、異郷の秩序から現世の秩序に戻っても違和は生じない。それに男は、異郷との連絡を継続する必要は感じなかった。蛇の女に会えなくとも、竜王からもらった黄金の餅さえ持っていれば不足はない。中世の類話に『太平記』(一四世紀後半成立)巻一五の俵藤太伝説がある。ここでは蛇の男が藤太に援助をもとめ、彼を琵琶湖底の竜宮に案内する。母の面影どころか、女性の姿が消えた。

じつは私の陸封説に難点がないわけではない。前節で紹介したように、ビルマのシャン族には内陸の湖底の異郷伝説が残されている。この種の伝説は南アジア・中央アジア・東南アジア内陸部の複数の地点に散在していたらしい。玄奘の『大唐西域記』(六四六年成立)巻三には、烏仗那国(現在のパキスタン北西部)で、王との戦いに敗れた釈迦族の男が、落ちのびたところで竜王の娘と契り、彼の福徳力で彼女を人の姿に変え、池底の竜王のもとに訪れる話がある。男は帰還したのち、竜王からもらった剣を用いて王位を奪った。この話には仏教的潤色がほどこされているので原形は不明だが、もとはシャン族の伝説にいっそう類似していたかもわからない。問題は、内陸部の湖底異郷伝説が直接に日本にもたらされた可能性の有無である。私は、かりにアジア内陸部の湖底異郷伝説が始原だったとしても、それが海を渡り島嶼部にひろがってゆく過程で海底・海彼異郷伝説に翻案され、さらに日本において独自に海が陸封されて池・湖と化した可能性が大きいと見ている。なぜなら、日本においては海底・海彼異郷神話が池・湖底異郷伝説より古く、しかもそれは海人族をつうじて日本に輸入されたからである。あるいは、アジア全体の規模で考えると、湖底異郷伝説と独立に、海底・海彼異郷伝説が発生したのかも知れない。

日本の神話においては、根の国と称する異郷も知られていた。スサノオが根の国に住みついたという叙述は、『古事記』・『日本書紀』になんども出てくる。根は、植物の根でもある。植物の根は地下にあるが、時をえるとそこから芽が萌し、やがて幹・茎・枝・葉・花・実を生みだしてゆく。その意味で根は、生命の母・母胎でもあるはずだ。さらに根のイメージは拡大し、大地に密着した地下部をも意味する。かりにイメージを垂直下方にもっと延長したとしても、地表から隔絶した地獄のような場所ではあり得ない。

スサノオが根の国に住みついたいわれは、大きくは二つに分かれる。まず『日本書紀』本文と第一・二の一書によれば、スサノオは彼の意に反し、両親＝イザナギ・イザナミによって根の国に追放された。この場合は、イザナミ死去の前のできごとになる。追放された者が行くところだから、いずれあまり芳しい場所ではない。

あと一つは、『古事記』と『日本書紀』第六の一書の説である。この説においては、スサノオはイザナギが黄泉の国から逃げ帰り、川で鼻を洗ったとき出現した。そしてスサノオがあまり泣きつづけるので、父のイザナギが「汝は何の故にか恒にかくなく」と問うと、スサノオは「吾は母に根国に従はむと欲ひて、ただに泣かくのみ」と答えた。スサノオは母なしで生まれたのだから、厳密にいえばイザナミはスサノオの母ではないが、彼女は彼の母たるべき人ではあったろう。こうなると、根の国のイメージが混乱してくる。一方では、さきに述べた根の国＝母胎の事例が得られたことになる。他方では、イザナミは黄泉の国に去って戻らなかったのだから、根の国の観念は暗い死者の世界をも包摂しなければならない。

このように、根の国のイメージはさまざまに分岐するが、基本的には海神国・海中蓬莱山・竜王の国がポジティブなイメージを示すのにたいし、根の国の印象はネガティブで暗い。ただし、母胎と通底する点でウガヤフキアエズと神武の母の国の観念につながる。

『古事記』にはあと一か所、根の国の話がでてくる。

オオナムジ（＝オオクニヌシ）は、兄の神たちに迫害され根の国に逃げこんだ。そこで彼はスセリ姫と出合うが、姫の父＝スサノオがオオナムジを蛇の部屋、ムカデと蜂の部屋に閉じこめ命を奪おうとし、さらに野原に追いこみ周りから火をつけて彼を殺そうとする。これに失敗すると、自分の頭についた蚤と称して、じっさいはムカデをオオナムジにとらせようとした。オオナムジは、スセリ姫から与えられた呪具と彼女の機知、鼠の助けで危地を逃れ、地上に脱出する。そして根の国から持参した生大刀・生弓矢などの呪具を用いて、兄たちを征服した。スサノオも最後には、二人の結婚を祝福する。

西郷信綱(1)は、海神の国と根の国の明暗の差を認めつつも、海神の国—海中蓬莱山—根の国、山幸彦—浦島子—オオナムジ、トヨタマ姫—亀姫—スセリ姫、塩盈珠・塩乾珠—玉匣—生大刀・生弓矢が対応し、三つの伝承は構造的に等価である、と主張した。この説の正しさに疑いをさしはさむ余地はない。しかし構造的な等価は、意味内容の相違を排除しない。まず、根の国においてスサノオがオオナムジに押しつけた生命の危険はなにを意味するか、という疑問が生じる。ふつうこのモチーフは、試験婚または成人儀礼の民俗の反映とされる。そのこと自体に間違いはないだろうが、より一般的には、ポジティブな異郷に訪れた男が歓待されるならば、ネガティブな異郷に入った男は虐待される、という公式が成立するだろう。そして特殊的には、蛇・ムカデ・蜂の室、スサノオの頭のムカデなどは、現実世界とことなる異郷の秩序の表現ではないかとも思われる。本当は、虱は虱であってムカデではなかったのかもしれない。室のなかの虫どもも、じつはなにか他のものだったといえないこともない。かえってスサノオがじつは蛇だったのかもしれない。松村武雄(6)は、肥の川の上流に進出した出雲族が、みずからの水神・農耕神であるスサノオを、土着の水神・農耕神の蛇神と合体させたのだという。かくてスサノオは、蛇神と人格神の両面をあらわす。もしこの説を採用するならば、スサノオが出雲から根の国に到着したとき、彼が蛇の要素を維持していたと解しても不自然ではあるまい。根の国において、蛇は水神・農耕神の性質に加えて、地下の死霊の象徴としての性質をも併せそなえようとしていたのではないか。

根の国以外の異郷伝承では、異郷の主体はあきらかに動物だった。根の国の主人も、蛇だった可能性がある。そこで、異郷の主体として動物が選ばれた根拠を考えなければならない。異郷の住者は、現実世界の住者と異なるべきであろう。しかし同時に、彼らは我われと類似した存在、つまり人的な生きものであることがもとめられる。かくて選ばれたのが、霊ある動物たちであった。人びとは、わに・竜・蛇・亀の霊力を十分認識していた。

蛇説を採用すれば別だが、ふつうにはスサノオは完全な人（格神）と見なさる。この場合には、異郷伝承の公式の一つが破れてしまう。蛇説を採るほかに、スサノオが異郷の主であることを納得させる根拠はないだろうか。霊ある動物以外に、人に似て人に非ざる存在を探せばよい。死者がたぶんそれに相当するだろう。死者の異臭がつきまう型の根の国においては、スサノオも母の国に同化して母の同類に変容したという解釈もなりたつ。いずれにせよ、スサノオの娘＝スセリ姫の位置づけはむずかしい。彼女は、父に逆らいオオナムジを救う行為によって、根の国においてすでに現実世界の存在に転換し終えていた、ととりあえず理解しておく。結果として、オオナムジとの別れは語られない。

『古事記』・『日本書紀』の神話が記載されてから、六〇〇年後の伝承に飛躍するのはわれながら感心できないが、中世の地下異郷の観念を示す『神道集』（一四世紀後半成立か）巻一〇「諏訪縁起事」を紹介しよう。

東海道総追捕使の甲賀三郎は、天狗にさらわれた妻＝春日姫を探しもとめているうちに、蓼科山の洞窟の底にそれらしい場所を見いだす。そこで彼は、家来に命じて籠に縄をつけ降ろしてもらう。

籠を出て歩いて行くと、また洞窟が見え、内部に通じる道の先、小山のなかの小さな御所に春日姫を発見する。彼女を助け、二人は籠に乗って引き上げられたが、彼女が忘れてきた面影の鏡を取りにふたたび地下にもぐった三郎は、兄の企みで籠の綱を切られ、地上に戻る機会を失う。彼はしかたなくつぎつぎに洞窟をくぐりぬけ、七三の洞窟と七二の国を過ぎ、それぞれの国で饗応されたのち、維縵国にたどり着いた。維縵国で三郎は王の娘＝維摩姫と結ばれ、一三年六か月の月日が経過したが、春日姫が恋しくなり、地上への帰還をこころざす。一〇〇〇日かかって地上にたどり着くまで、いくつかの危険な場所を通らなければならない。その危険は、維縵国の王がくれた呪宝の力で切りぬけ、ついに信濃国の浅間嶽に出た。故郷の甲賀に到着したところ、ちょうど父の供養のために造立した釈迦堂の講の日にあたり、多くの人が集まっている。格子のなかに入ると、子供たちが「あな怖ろしや、ここに大なる蛇あり」と騒ぎ、三郎を杖で打つ。三郎は「さては我が身は蛇になりぬるこそ恥ずかしや」と歎いて仏壇の下に隠れた。そこで日本の有力神社の神がみの化身である僧侶たちの話を聞き、日本人でも維縵国の衣を着ていると蛇に見えることを了解し、衣を脱ぎ捨てる呪法をも知る。こうしてついに三郎は、人の姿に戻った。

紹介があまりにも長くなりすぎたので、不要な部分は省略しよう。それでもまだ補足が必要だ。筑土鈴寛（3）が指摘するように、甲賀三郎の説話とオオナムジの神話のあいだには、重要な類似点が認められる。第一に、両者とも、兄の悪意が原因で地下の国にいたる。第二に、地下の国で地上の時代とは別の女性と結ばれる。じつは根の国に逃れる前のオオナムジにも、ヤガミ姫という名の妻がいた。しかも、地上の妻は地下の妻にたいして遠慮をする。第三に、地上に帰還するために地下の国の呪物が必要だった。甲賀三郎の物語の形成者は、オオナムジの神話を知っていたに違いない。しかし以下の相違点もまた、見落とすことができない。まず、三郎は異郷で虐待はされず歓待される。つぎに、異郷における時間スケールが現実世界と異なる。三郎は、「我が身は此の大地の底にて幾百年を経たらん」と歎く。さらにオオナムジの先代＝スサノオは、亡き母を慕って根の国におりて来たが、甲賀三郎伝承の地下の国には、母の国の痕跡も発見できない。これらの部分は、むしろ浦島子伝説に近い。話は全体として人・神・仏混交の思想につよく染めあげられている。多くは省略したが、神がみが僧形で釈迦堂に現れるのはその一端にすぎない。しかし異郷の内実は、オオナムジ神話・浦島子伝説のいずれからもフリーな不思議な世界である。一つには神仙伝説や山民の伝承の要素がさらに加わっているからであろう。

ところで、私がいちばん言いたい問題にまだふれていない。地下の国ぐにの人びとは、三郎の姿を見て特殊な反応を示す。時間の経過の順に記すと、「大いに驚きたる気色」を示し（好賞国）、「あな怖ろしや、これ人に似ざる人かな」と恐れ（草微国）、「恐れたる気色」で・・・「此の国へはおぼろげにて、日本の体を替へずして来る所にても候はず」と言う（草底国）。さらに「日本の人の未だ体を替へずして、生きながら此の国へ来る事をば、目にも見ず耳にも聞かず」といぶかしがる（草留国）。維縵国の王も「体をも替へずして、是まで通り給ひけるこそ不思議なれ」と驚くのだ。

いったい何ごとがおきたのだろうか。なぜ地下の国の人びとは、三郎を見て恐れ驚いたのだろうか。三郎に会って「これ人に似ざる人かな」と驚いた草微国の人の反応が、解答の手がかりになるかも知れない。この反応を他から切り離してすなおに解釈すると、異類の姿に変じた三郎を見て驚愕した、と読める。しかし草底国・草留国・維縵国の人の、「日本人の体を替えず」に来た三郎を不思議がる反応は、さきの解釈では説明できない。「日本人」とは異類ならぬ人類を指すとみてよかろう。つまり地下の国に紛れこんだ人類は、命を失うか、そうでなければ異類に姿を替えてしまうか、どちらかでなければならない。これが地底人の常識なのだ。そうしてみると、草微国人のいう「人に似ざる人」の意味を考えなおさざるを得なくなる。

筋を通そうとすると、つぎのようになろう。草微国の「人」は、地上の人から見ると異類である。しかし彼らにとっては、自分たちこそが「人」なのだ。草微国の「人」から見れば、彼らの基準にはずれる容貌・形態を示す三郎は、「人に似ざる人」、つまり「異類」にほかならない。ここには「否定の否定は肯定」という論理が現われた。また地下の国に入ると、地上の住者も地下の住者に姿を変じるはずなのに、地上の姿のままで生存しているのは前代未聞の事件だ、と草底国以下の人たちは呆れた。三郎は、人並みすぐれて人性が強固だったのだろうか。とはいえ三郎も、ついに維縵国では当地の衣類を着せられ、それにおそらく、地下諸国の食物をながく食べつづけてきたせいもあって、異類の姿を完成する。その異類とは、蛇だった。ところが三郎の視覚においては、蛇であるはずのものが一貫して人に見えている。地下の国の空間にそなわる視覚システムは、地上とは異なると判断せざるを得ない。

数百年さかのぼり、『古事記』・『日本書紀』の海神の国におけるわににについて再考する。トヨタマ姫をはじめこの国の主体は、「本つ国」においてはわにの姿をしているはずだった。にもかかわらず、山幸彦には彼らがすべて人に見えた。ここでも、甲賀三郎の地下の国の空間とおなじ視覚システムの転換が作動したのではないか。『今昔物語集』の竜宮訪問説話においては、男が異郷に案内されるとき、目をつぶるように求められる。さきほどは書きもらしたが、『丹後国風土記』の浦島子伝説でも彼は目をつぶらされた。これには経路をあいまいにする意味もあるだろうが、視覚システムの混乱を避ける方法でなかったとも言えない。やはり書きもらしたが、山幸彦が海神の国に向かうさい「まなしかつまの小船」(『古事記』)・「無目籠」(『日本書紀』本文)に乗せられた。これが海神の国に到着するための呪具であったことは否定できない。船・籠の目をふさいだのは水の侵入を防ぐ手段でもあっただろう。加えて、人の瞑目の比喩の意味にも使われたのではないか。もちろん、平安時代・中世の人びとの心性と八世紀の人びととの心性は、おなじではない。神話時代の人は、わにの国におけるわにの姿までは厳密に考えてなかった、と思うべきだろう。けれども彼らを問いつめれば、上のような回答がかえってきた可能性もある。この推定も、現在の私の推定である。それから先は、読者に委ねるほかない。本件については、のちにもう一度ふれる。

海彼・地下のなつかしい母の故郷は消える運命にあった。しかし動物の母の説話は消えない。わに・蛇のポジションを継いだのは狐である。母なる狐の話に入る前に、一つ奇妙な説話を紹介しなければならない。三善清行の『善家秘記』（九一八年成立）における狐妻物語である。この書は亡失したが、さいわい『扶桑略記』（一一〇〇年ごろ成立）巻二二と『今昔物語集』巻一六に採用され残っている。前者にしたがい要約したい。

備前国賀陽郡に賀陽良藤という男がいた。家は豊かだったが、妻が上京したので女性と接したいと念じているところへ、未知の女性から恋文がよせられ、彼女の屋敷に案内される。良藤は彼女と契りをむすび、三年の歳月が経過し、男の子ももうけた。いっぽう良藤の家では、行方不明になった彼を探したが見当たらず、死んだものとあきらめてしまう。ところが失踪後一三日目に、家の前の蔵からまっ黒に汚れやつれた良藤が現われた。蔵の下を調べると、そこは狐の巣だった。

この説話は、山幸彦型・浦島子型の伝承、すぐ後に述べる『日本霊異記』の狐妻説話の類、それに中国から入ってきた妖狐のイメージの三者を組み合わせて成立したのだろう。地下という点に注目すると、根の国神話を矮小化した要素も繰りこまれているかも知れない。なかでも、時間の錯誤が注目される。良藤の場合は、幻想世界の時間幅が現実世界の時間幅を上まわるが、浦島子の体験は逆であった。長寿の国の時間スケールは大きいが、地下の狐の穴に閉じこめられてしまうと、寿命も縮まり時間スケールも短くなるのだろう。

通俗的にいえば、良藤は狐に化かされた。狐が女性に化けたというよりは、狐は状況全体の幻想を虚構し良藤を騙したのだ。良藤中心に解釈すると、彼は妄覚・妄想のなかで生活していた。西郷(1)は、竜宮や常世の国の話が夢にかかわると主張している。それらの異郷へ行くとき、目をつぶらされたり、目無しの籠に乗せられるのも夢を見るきっかけだ、と彼は解釈する。この説は、瞑目や目無しの籠が視覚システムの転換を緩和する手段だという私見と矛盾するものではない。かりに、海神の国や竜宮が良き夢のなかの世界だとすると、良藤の体験は悪しき夢がつくりだした世界であった。

現実世界と異郷の秩序の違いは、ひとつには巫覡の演じる儀礼がつくりあげたとも思われる。この種の儀礼において、仮面・異装を付けたり脱したりする演技により表現される事相の転換は、異郷・現世のあいだの時間と視覚システムの転換の幻想をはらむであろう。たとえばわにが人に見えたり、三年が一日で演じられたりする。それを自ら演じ、または自らを没入しつつ演技に見入るならば、演技と現実、現実と幻想の境はぼやけてくるに違いない。しかしそれだけが、異郷の神話・伝説の母胎ではない。儀礼体験にくわえて、はてしない想像の力、それもさまざまな集団が産出した想像の力、好奇と忌避、願いと怖れ、心中の誇りと痛み、さらにときには賢しらな人が挿入した知識、それらが渾然一体となって、神話・伝説は誕生する。

話を戻す。蛇は水神・農耕神として信仰されてきた。その後、おそらく一一世紀まで待たなければならないが、やがて狐が穀物神・農耕神と信じられるようになった。蛇は水の供給を支配するゆえ、農耕をも掌握することができた。狐の農耕への関与は、水を媒介とはしない。柳田国男(11)は、狐が田の神の祭場だった未開地にいついたことが縁となって、この動物と農耕とのつながりができた、と説く。私はこれに加え、たわわに実る穀物の色と狐の体色の類似が、人びとに強い印象を与えたのだと推定する。類感信仰とよんでよいだろう。

『日本霊異記』(九世紀初期成立)巻中―四話では、蛇神の申し子の子孫と狐妻の子孫が力比べをして、前者が圧勝する。この説話は、蛇と狐の同類視、および蛇の優位をほのめかす。狐がそれまでの蛇の勢力圏に大規模に侵入し、強い自己主張をはじめたのは、たぶん一三世紀に入ってからのことであった。神道五部書の一つ『豊受皇太神御鎮座本紀』(一三世紀後半成立)は、白竜をウカノミタマ・ウケモチの守護神とした。ウカノミタマ・ウケモチは食物神である。前後して成立した『倭姫世記』はウカノミタマ=ウケモチ=三狐神《みけつのかみ》と記す。がんらい御食津神《みけつのかみ》と表記されるべき食物神を、三狐神と表記して狐のイメージをこれに重ねた。一三世紀後半には蛇と狐が、伊勢の食物神・農耕神の動物形態として拮抗しつつあったことが示唆される。さらに『稲荷大明神流記』(一四世紀半ば成立)の伝承によると、それまで稲荷山を占有し農耕を営んでいた蛇神=竜頭太がこの山の占有権を放棄し、ほとんど入れかわるように狐が入る。

東国に目を転じると、『志度寺縁起』(一三一七年奥書)において、常陸国鹿島に生まれ、狐から鎌をもらった藤原鎌足が、都に出たのちその鎌で蘇我入鹿を誅殺したことになっている。鎌足の「鎌」から生まれた発想でもあろうが、鎌はなによりも稲をはじめ穀物の収穫に不可欠な農具である。ふつうの人だったら霊物から鎌を与えられれば、五穀豊饒の徴と解して喜ぶにちがいない。おそらく一四世紀には、東国の狐は農耕神として信仰されていた。

農耕神には直結しないけれども、安倍晴明が狐を母として生まれたという伝承は、おそらく常陸を舞台にして形成された。中世末に成立したらしい『簠簋抄』にこの伝承が初出する。これによれば、晴明は常陸国猫島で、遊女に化けた狐を母として誕生した。やがて彼女は和泉国信太の森に姿を消すが、そんな遠隔の地まで去るのは不自然であろう。盛田嘉徳(10)は、がんらい晴明伝説は常陸の国で完結していた、と推定する。私見もおなじ。なお『簠簋抄』において晴明は、動物の会話を解する呪具を、母狐からではなく、鹿島神宮近くの竜宮の蛇からもらい受けた。ここでも蛇と狐は絡みあう。近世初期に成立したと思われる『東国闘戦見聞私記』巻七では、忠五郎という農民に助けられた狐が、人の女性と化して彼の妻となる。正体があらわれて女化原に去った後も、彼女はひそかに夫の農作業を助けた。子孫も繁栄した。女化原は、常陸国南部に位置する。また安曇氏が定着した信濃国安曇地方に、やはり狐妻の同様な説話が残る。一般に、畿内の狐眷属信仰が大社を背景にしていたのにたいし、東国の狐信仰は衆庶を基盤としていたらしい。それだけに、信仰は民間伝承を生みだしやすかった。いずれにせよ、なつかしい母の国は海彼・地下から地平の森・野原へと移った。そこは現実世界のいちぶでもあった。

まだ語らなければならない話題が残っている。隠れ里である。隠れ里は多くの意味を持つ。そして、多くの意味のあいだには内的関連があるのだが、その説明はこのさい放棄しよう。本稿においては、隠れ里をつぎのように定義する。日常のすぐそばに実在するが、ふとした偶然の機会がなければ、その存在に気がつかない特殊な場所。そこでは他の異郷とおなじく、現実世界とは異なる秩序が支配する。夢の比喩を使うと、神話的異郷の夢は長く持続する夢だが、こちらはほんの一瞬、まどろみのなかの夢である。隠れ里は、人里の近くに存在する点では、母なる狐の森・野と共通する。

中国には古くからこの種の説話がおこなわれていた。段成式の『酉陽雑俎』(八六〇年ごろ成立)巻二「玉格」に収められた話を示す。

山東省長白山の南から、鐘の音がときどき聞こえてくる。恵霄という僧が鐘の音のもとを訪ねて歩いてゆくうちに、突然寺が見えた。食をもとめると、沙弥が桃を二個与え、帰るように勧める。故郷に帰ったとき、二年の歳月の経過を知った。

「玉格」は道教の話を集めた部分だから、恵霄の話は神仙譚と受けとってよいだろう。当然浦島子伝説と共通要素が見られる。隠れ里譚も神仙境説話の影響を受けているに違いない。日本独自の展開をみると、中世末または近世初期に成立したお伽草子に、『かくれさと』と題する本が知られている。

京を出て木幡の野にさしかかると、東の方から声が聞こえてくる。誰かが月に憧れてさまよっているのだろうと思ったが、辺りには人っ子ひとりいない。ふと近くを見ると大きな穴がある。声はその内側から聞こえていたのだった。穴に入って半丁ばかり行くと、とても広いところに出た。日は天にかかり川もしっかりと流れている。そこは、美しい自然にかこまれ、きらびやかな建物がならぶ隠れ里であった。

隠れ里の住人は鼠だった。根の国に住むという語呂合わせと、地下に巣穴をつくる野鼠の習性から、作者は鼠を選ぶことができた。そののち大黒と恵比寿が対立し、大戦一触即発の事態にいたる。大黒のもとには隠れ里の鼠どもが馳せ参じ、恵比寿の味方には竜王の手下の八尋熊わに以下が駆けつけるという騒ぎ。ここで作者が、陸の異郷＝根の国と、海の異郷＝竜宮を意識的に対比させていることは明らかである。

河童の話に変わる。蛇のあとを継いだのは狐だけではなかった。農耕神としての蛇の側面を継いだのは狐であったが、水神としての蛇の権限の一部を委譲されたのは河童である。河童の出没した場所を点検すると、近世初期に開鑿された人工水路・用水・堀や小川の淵が多い。つまり、まわりに人家が密で、岸から突然深みに落ちるこれらの水地は、子供を溺死に誘いやすい。そのため、河童が活躍すると思われたのだ。わには海を管掌した。蛇は湖・池を支配した。河童の住む水地のスケールはいっそう縮小して、小さな流れになってしまった。それでもなお、河童が蛇の血を受けている証拠はいくつも指摘することができる。ここでは、河童の隠れ里を紹介したい。只野真葛の『奥州ばなし』(一八一七年ごろ成立か）の「かつぱ神」を要約する。

仙台の新田とよばれるところに、合羽神と称する社があった。境内には池があり、そこから用水が流れ出ている。あるとき甚之丞という若者が、友人とこの用水で泳いでいた。三人で潜っていると、いつのまにか水がない場所に出てしまった。そこにはきれいな家があって、内から機を織る音が聞こえてくる。「ここはいずこぞ」と家の人に尋ねると、「ここは人の来る所ならず。早く帰れ。ここに来たりしということを三年過ぬうちは人に語るべからず」と口止めする。彼らは恐れて退去し、心おぼえのないまに、もとの用水に出た。仲間の一人は、酒に酔ってこの話をしゃべってしまったので、ほどなく死んだ。

合羽神は河童神、すなわち小さな水霊と解してよかろう。それにしても、用水の底に現われた不思議な里の正体はなにものだろうか。水神の女は機を織る習性を持つから、この里の住者は河童神とその眷属である、と判断して間違いあるまい。とにかく、狭い用水の底のあちら側に隠れた里が潜んでいた。湖池底の竜宮のスケールが、近世にいたってさらに縮小し、この種の説話が生まれる。のみならず「かっぱ神」の異郷は、人の滞留を許さないという特殊な性質を示す。住者の河童の名にふさわしい妖しい里だったのだろう。

河童神の隠れ里のようにネガティブな意味をもつ小さな異郷ではなく、竜宮の伝統をまっすぐ引く小さな隠れ里も存在した。元前橋藩士＝富田政清の娘が幽界と交通した記録『富田氏の日記』が現存する。娘の名は春。彼女の体験を、父が日を追って書き留めた。時期は明治三（一八七〇）年一〇月から翌年末まで。当初、彼女は一三歳だった。

春は、前橋城二の丸の南を画する九丈堀の竜宮に招待された。春の目には、堀の外からも竜宮の屋根は見える。竜宮への入口は八畳ほどの広さ、そこから六尺ばかり入れば竜宮の世界になる。春は梯子をかけてもらって門まで降りた。竜宮の姫は、竜の形の衣をつけており、春に「人間と云ふ者は身持を大事に為すべきものなり。別けて女は常に身体を清く洗ふべきなり」とさとし、土産に大根を二本賜わった。

ここには、神話的な壮大な夢のかわりに、幸福だったとは思われない一少女の、いじらしくもつつましい夢が語られた。

日本人の異郷想像力が衰弱しはてたとき、遥かな海の彼方から黒船が出現した。その脅迫により幕府は開国にふみきる。そして黒船の威圧も一因となって、日本の社会システムは近世から近代へと移行しようとしていた。春の竜宮訪問は、その転換のただなかにおいてなされた。

引用文献

（1）西郷信綱：『古代人の夢』平凡社　一九七一年

（2）次田真幸：海幸山幸神話の形成と阿曇連　伊藤清司他編『日本神話研究』三　学生社　一九七七年　一一六〜一二九（初出は一九七五年）
（3）筑土鈴寛：『中世芸文の研究』有精堂　一九六六年
（4）中村禎里：『日本人の動物観』海鳴社　一九八四年（ビイング・ネット・プレス　二〇〇六年再刊）
（5）中村禎里：『河童の日本史』日本エディタースクール出版部　一九九六年
（6）松村武雄：『日本神話の研究』三　培風館　一九五五年
（7）松本信広：『日本神話の研究』平凡社・東洋文庫　一九七一年（初出は一九三一・三二年）
（8）松本信広：『印度支那の民族と文化』岩波書店　一九四二年
（9）水野祐：『古代社会と浦島伝説』上下　雄山閣　一九七五年
（10）盛田嘉徳：『中世賤民と雑芸能の研究』雄山閣　一九七四年
（11）柳田国男：田の神の祭り方『定本柳田国男集』一三　筑摩書房　三七〇〜三九四　一九六九年（初出は一九四九年）

引用資料

古事記：倉野憲司校注『古事記・祝詞』日本古典文学大系一　岩波書店　一九五八年／武田祐吉訳注『古事記』角川書店・文庫　一九七七年
日本書紀：坂本太郎他校注『日本書紀』上・下　日本古典文学大系六七・六八　岩波書店　一九六五・六七

年／宇治谷孟訳『日本書紀』上・下　講談社・学術文庫　一九八八年
丹後国風土記逸文：秋本吉郎校注『風土記』　日本古典文学大系二　岩波書店　一九五八年／吉野裕『風土記』　平凡社・東洋文庫　一九六九年
万葉集：高木市之助他校注『万葉集』一～四　日本古典文学大系四～七　岩波書店　一九五七～一九六〇年
日本霊異記：遠藤嘉基他校注『日本霊異記』　日本古典文学大系七〇　岩波書店　一九六七年／池上洵一訳注『日本霊異記』　三省堂書店　一九七八年
新撰姓氏録：佐伯有清『新撰姓氏録の研究』本文編　吉川弘文館　一九六二年
扶桑略記：黒板勝美編『扶桑略記　帝王編年記』　新訂増補国史大系一二　吉川弘文館　一九三二年
今昔物語集：山田孝雄他校注『今昔物語集』一～五　日本古典文学大系二二～二六　岩波書店　一九五九～一九六三年／永積安明他訳『今昔物語集　本朝部』一～六　平凡社・東洋文庫　一九六六～一九六八年
豊受皇太神御鎮座本紀：田中卓他校注『神道大系　論説編』五　神道大系編纂会　一九九三年
倭姫世記：大隅和雄校注『中世神道論』　日本思想大系一九　岩波書店　一九七七年／田中卓校注『神道大系　論説編』五　神道大系編纂会　一九九三年
志度寺縁起：和田茂樹他編『瀬戸内寺社縁起集』　広島中世文芸研究会　一九六七年
神道集：近藤喜博編『神道集』　角川書店　一九五九年／岡見正雄他編『神道大系　文学編』一　神道大系編纂会　一九八八年
稲荷大明神流記：伏見稲荷大社編『稲荷大社由緒記集成　信仰著作編』　伏見稲荷大社社務所　一九五七年

太平記・後藤丹治他校注『太平記』一～三　日本古典文学大系三四～三六　岩波書店　一九六〇～一九六二年

かくれさと：横山重編『室町時代物語集』五　井上書房　一九六二年

簠簋抄：国会図書館蔵

東国闘戦見聞私記：宮内庁書陵部蔵

奥州ばなし：鈴木よね子校訂『只野真葛集』叢書江戸文庫三〇　国書刊行会　一九九四年

富田氏の日記：国立東京博物館蔵

大唐西域記：水谷真成訳『大唐西域記』中国古典文学大系二二　平凡社　一九七一年

酉陽雑俎：今村与志雄訳注『酉陽雑俎』一～五　平凡社・東洋文庫　一九八〇・八一年

固有名詞を持った動物たち

昔話のなかで、複数の人がたがいに争い、あるいは協力する話は少なくない。「花咲爺」のよい爺と隣のわるい爺の関係は前者の例である。後者の例としては、「三人兄弟」・「二人兄弟」系のある種の昔話をあげることができる。ここでは、兄弟たちがおなじ困難に立ちむかう。

ところで昔話には、動物昔話とよばれるジャンルがある。そこでは、複数の種類の動物が対立したり協力しあったりする。一話をあげよう。

寒い冬の夜、尻尾を川に浸しておくと尾先で魚を釣ることができる、とカワウソがキツネをだます。キツネがこれを信用して実行したところ、川が凍り、それに尻尾が凍りついて抜こうとしても抜けず、人に捕まってしまった。

動物昔話のなかで対立するのは、キツネとカワウソのように異種類の動物であって、同種の二個体が対立する例はあまり見られない。なぜであろうか。思うに、昔話において登場する動物は、その種類全体の代表者である。昔話を語り、または聴く人びとの心のなかで、一種類の動物、たとえばキツネという名の動物は、しばしば一人の人間、たとえば権兵衛という人間とおなじレベルでイメージされる。動物の協力・敵対関係においても、ほぼ同様のことが言えるだろう。

このような特徴は、昔話におけるほど厳密な規則にはなっていないが、伝説など他の型の民話にも認められる。日光山のヘビと赤城山のムカデの争いは有名であり、それは『日光山縁起』(一六一四年写)に見られる。しかしもともとは、赤城の神もヘビだったらしい(7)。ところが同種の動物の戦いを避ける傾向がここにも適用され、(日光がわから見て)悪役を演じる赤城山の神がムカデに変えられた、と推定される。

動物の一種類と一個体の混同は、民話を語り聴く場面だけでなく、われわれの日常の観念のなかにも浸透している。人類の権利思想を拡張して、動物の権利をも主張する人がいる。このとき、動物の権利たとえば「生存権」は、人権に似たものと想定される。基本的人権のうちの一つが「生存権」であることは、小学校の教科書にも記載されているので、だれでもそれを知っているだろう。基本的人権のうちの「生存権」は、すべての個人がみずからの生存条件の保証を求める権利である。ところが、巷間で主張されている「動物の生存権」は、動物のすべての個体の生存権であってはならない。もしそのような権利が承認されるならば、人類は餓えて絶滅するほかないだろう。「動物の生存権」とは、すべての動物種の生存権を意味するほかありえない(4)。動物の種類と動物の個体の混同は、人類の動物観の顕著な傾向であり、動物民話の前記の特徴は、その一つの現われともいえる。

では日本の説話の伝統において、一種類の動物全体が人類全体に対応し、その種類の動物の各個体が人類の各個人に対応するという観念は育たなかったのだろうか。もしそのような観念が存在したとすると、動物各個体に固有名詞があたえられることになる。

二つの場合で、動物個体に固有名詞があたえられたことは間違いない。一つは家畜のケースである。古く『播磨国風土記』(八世紀前半成立)託賀郡の項で、応神天皇の猟犬としてマナシロの名が記載されている。そのほか『枕草子』(一〇〇〇年前後成立)第九段におけるネコの命婦、『平家物語』(一三世紀成立)巻九のウマのいけずき・するすみなど、枚挙のいとまがないほど例が多い。

あと一つ、神の象徴としての動物、またはその変型のばあいも、動物の個体は固有名詞でよばれることがあった。ただしこのケースにおいて固有名詞を得た動物個体は実在しない。信仰・俗信・伝承上の存在にすぎない。『古事記』(八一二年成立)・『日本書紀』(八二〇年成立)の崇神天皇の項に出現する三輪山のヘビ神は、オオモノヌシと称せられた。中世の説教節で語られたと思われる『信太妻』において、安部晴明の母であるキツネは葛の葉と名づけられていた。一般に動物が人に化ける話は、動物神神話の崩れた型と考えられる。

けれども家畜のばあいも、動物神についても、固有名詞は人との関係においてはじめて成りたつ。つまり同一種類の動物の諸個体よりなる社会が想定されたのではなく、したがってその社会を構成する個体を区別するために固有名詞がつけられたのではなかった。ただし同種動物社会のなかで個体を区別する固有名詞の萌芽は、中世の稲荷信仰における神狐と野狐の区別にほの見える。

それに関係するのかどうかまだ証明できないが、固有名詞をもつ個体からなる同種動物社会のイメージは、どうやらキツネから始まったらしい。西鶴の『西鶴諸国ばなし』(一六八五年刊)巻一―七はつぎの話である。

姫路の門兵衛という男が、山陰で遊んでいるキツネに石を投げて、殺してしまう。そこで姫路城の天守閣に住む於佐賀部という女キツネの四天王、煤助・中三郎・金丸・闇太郎、および一人武者の鼻長が、門兵衛をこらしめた。

おなじ西鶴の『懐硯』(一六八七年刊)巻二―五においては、葛の葉伝説を下敷きにしたキツネ集団が登場する。

京都北山の伴山という修行者が信太の森に野宿していると、つぎつぎに使者の到着を告げる声が聞こえる。信太森神社の祭礼にあたり、伏見の稲荷大社をはじめ各地から、葛の玉姫のもとに献上物を持参したキツネたちが集まってきたのである。参じたキツネたちの名称は、深草飛丸・金熊寺彦惣・蟻通歌之介・ちょこ兵衛・牛滝水四郎・山芋掘りぬく介・大仙陵墓荒らし・櫂盗み門之介・助松ねじ介であった。

神社系のキツネも粗野な野ギツネも、ともども信太の森へやって来たようである。

このような個性と固有名詞をもったキツネの集団という観念は、西鶴が創作した一種のパロディーなのかも知れない。『西鶴諸国ばなし』の於佐賀部四天王は頼光四天王を模し、また狂言『六人僧』の影響があると、暉峻康隆(3)は指摘している。そうだったとしても、固有名詞をもったキツネ集団の観念は、江戸時代を通じてしだいに各地に広まっていった、と推定される。

菊岡沾凉の『諸国里人談』(一七四三年刊)巻五には、大和の源五郎・伊賀の小女郎・江戸の伯蔵主・伯耆の横山・京都深草の宗語などのキツネの話が記されている。これらのうち源五郎・小女郎をのぞいては稲荷系であり、小女郎は曹洞宗の寺に住む。源五郎は、たんなる野狐なのであろうか。橘春暉の『北窓瑣談』(一八世紀末成立か)巻二においては、飛騨下岡本村にコセン小十郎・孫十郎・おみつというキツネがいた、と述べられている。

このたぐいの話は、調べればもっと多くでてくるだろう。そして江戸中期以後の説話については、その背景に、一方では稲荷信仰の流行、他方では化けキツネ・キツネ憑きの世間話・俗信の拡布という事情があったに違いない。これにかんして、つぎの点に興味をひかれる。近世のキツネ集団において、構成員のあいだに協力関係は見られるが、敵対関係はほとんど存在しない。

同種動物個体間の抗争の例としては、四国のタヌキ合戦が有名である。ここであい戦うのがキツネではなく、タヌキであるのは偶然ではない。合戦がおこなわれた時期は天保年間とされている(1)から、この話の成立期は、はやくとも幕末、たぶん明治初期であろう。このタイミングも偶然ではない、と思われる。

タヌキはキツネにくらべると、ずっとながいあいだ信仰の対象とはなりえず、神仏に逆らう山妖の代表と見なされてきた(6)。そして近世なかばにいたってはじめて、下級僧のイメージを得(6)、ついで近世末には四国・佐渡などでキツネの代替物として祭祀される機会を得た(5)。けれどもキツネと違って、稲荷のような単一の信仰に統合されることはなかった。この間の事情が、タヌキ社会の認識と、その個体間の争いの認容に結びついたのである。

キツネのような野生動物にも固有名詞をあたえ、同種の動物の集団に人間社会に似た関係を認める近世以後の発想は、もしかすると現代の動物学にも影響をあたえた。河合雅雄(2)は、サル個体がそれぞれ独自のパーソナリティーをもっているという認識のもとに各個体に名前をつける個体識別法が、サル学の発展にさいして大きな役割を果たした、と指摘している。

拙稿を要約して締めくくりとしたい。われわれは、一種類の動物を一人の人と対応させる発想にとらわれやすい。同時に、近世以後においては、同種類の動物集団に人の社会に似た関係を見いだす考えも発展してきた。そして後者を根源にさかのぼると、動物信仰にたどりつく。さらに前者・後者とともに、現代の日本人の動物観に多少とも影響をおよぼし続けているといえよう。

引用文献

(1) 笠井新也：『阿波の狸の話』 郷土研究社 一九二七年

（2）河合雅雄：『ニホンザルの生態』　河出書房新社　一九六四年
（3）暉峻康隆（訳・注）：『西鶴諸国ばなし』　小学館　一九七六年
（4）中村禎里：生命と遺伝『自然読本・遺伝と生命』　河出書房新社　一九八一年　五二～六二
（5）中村禎里：佐渡　タヌキの旅『図書』四〇八号　一九八九年　一八～二三（本書所収）
（6）中村禎里：『狸とその世界』　朝日新聞社　一九九〇年
（7）中村禎里：ムシの戦い『虫の日本史』　新人物往来社　一九九〇年　四九～五五（本書所収）

II

徳島県のタヌキ祠

タヌキ祠成立の動機と主導者

四国とくに徳島県には、タヌキを祀る祠が非常に多い。その成立の動機・背景・経過を探るのが、本稿の目的である。笠井新也(13)・後藤捷一(18)、および飯原一夫(3)(4)の報告をもとにして、徳島県のタヌキ祠が設けられた動機を表6に示す。これを一見してわかるように、タヌキを祀った動機は、大きくは二つに分かれる。第一は、その憑き祟りの鎮静にあった。第二はタヌキがもたらした現世利益にむくいる報賽である。

それではタヌキ祠造立にあたり主導する立場にあったのは、どのような人びとであろうか。解答に近づく手がかりはいくつかある。まず人の心身の異常の原因がタヌキの憑きや祟りであると判定し、それを退散させる役割を演じたものがいたはずである。もちろん憑き祟りの被害者が、自らタヌキが原因であると口走る場合も少なくない。そのさいにも、憑き祟りを治癒する人がいなければならない。やはり笠井・後藤・飯原の情報にしたがって、タヌキ憑きを落とした方法と、落とした者を表7に一

徳島県のタヌキ祠

表6　成立動機が伝えられている徳島県のタヌキ祠

番号	所在地	タヌキの名	成立期伝承	成立の動機
1	池田町中西	お楠	1868年以前	岩窟のタヌキに物を供えると願いが叶い、病気も治る
2	市場町切幡	蜂須賀		人に憑く
3	北野町高房	源九郎	1920年代	工事で巣穴を壊した後、担当責任者が病死した
4	小松島市日開野町	金長		奉公人に憑き、主人の店の繁盛につとめたことを明らかにした
5	貞光町太田	為左衛門		人に憑く
6	徳島市国府町		1850～60年代	タヌキの巣に小便をかけたので祟った
7	徳島市勢見町	お四		人に憑く
8	徳島市滝見橋	新居守		タヌキがくれた杓子が天然痘を治すので、家が栄えた
9	徳島市寺島本町		1932～3年	子供が熱を出したのがタヌキの祟りと判定された
10	徳島市寺町	お六		人に憑くなど悪行をする
11	徳島市徳島町城内	太郎	1951年	タヌキの巣に小便をかけたので祟った
12	徳島市南佐古	庚申新八		殺したのを不憫に思い、また祟りを恐れた
13	徳島市吉野本町	三太郎	1965年ごろ	寺境内の松の切株の穴からタヌキの骨が発見された
14	土成町宮川内			殺したタヌキが人に憑き祟る
15	山城町相川	青木藤太郎		悪いタヌキを退治した
16	脇町岩倉			飲料水を濁すなど悪戯をする
17	脇町本町	大木さん	1880年前後	人に憑く

文献（3）（4）（13）（18）による。

括した。一～二の例を説明すると、表7－5の山伏は、病人の容態をまず占い、それがタヌキ憑きであると結論したのち、加持祈祷をおこなった。表7―10のタヌキ使いは、人にタヌキを憑けるともみなされている。当然彼も、心身に異状をきたした人がタヌキ憑きであると診断をくだしたことは、稀でなかったと思われる。

後藤は、タヌキが憑くと陰陽師や修験者を

表7　徳島県のタヌキ憑き落とし

番号	事件発生地	憑かれた者	落した者	落す方法	成立期伝承
1	阿南市 黒津地	女性	タヌキ使いの住職	より強力なタヌキを使い悪いタヌキを追い出す	明治期か
2	穴吹町三島		住職	飼育したタヌキを使い、憑け、落す	明治中期か
3	池田町馬路		修験者	祈祷する	明治初期
4	池田町川崎	女性	験者	祈祷してタヌキの意向を聞く	1915 ～16年
5	一宇村蔭名		山伏	加持祈祷する	
6	上勝町正木		村人	お経を読む	1910年前後
7	貞光町太田	両性多数	タヌキを使う住職	祈祷してタヌキの意向を聞く	1920年代前後連続
8	徳島市 籠屋町		剣山先達	祈祷し、水を浴び、般若心経を読み、タヌキの意向を聞く	1921年ごろ
9	徳島市 常三島		修験者的な者	尼に化けたタヌキがくれた護符を使う	18世紀
10	徳島市助任		タヌキ使い	飼育したタヌキを使い、憑け、落す	近世末期か
11	徳島市 吉野本町	女性	拝み屋	祈祷する　食べ物を与える	昭和期
12	東祖谷村 阿佐		太夫	祈祷する　お祓いをする	1920 ～30年代
13	半田町高橋	女性	山伏	祈祷する オオカミの頭骨を当てる	大正期
14	美郷村種野	19歳男性	博労	銃で脅す	1921年
15	美馬町重清			村を出た人について去る	近世末期～明治中期
16	脇町岩倉	若い男性	山伏・神主	祈祷する　脅す	1860年代か
17	不明	女性複数	山伏・験者	まじなう（失敗）	1920年代

文献（3）（4）（13）（18）による。

招いて祈祷し、護符をもらうのがふつうだ、と説く。そのときタヌキのほうは、退散する条件、つまり祠の建設や供物の潤沢などの要望を告げるので、祈祷者の側はこれを承諾してやる。表7の示すデータは後藤の説明とほぼ一致するが、タヌキ落としの担当者の主力は修験者・山伏であった。他に住職・神主・大夫の名があることも注目される。昭和の記録では、拝み屋と称するものも現われる。いずれにせよ、タヌキの要望にしたがって祠を建て、供物をそなえるようになると、祠のタヌキにたいする信仰が成長する。

近世に入ると、少なからぬ修験者が里に定住するようになった。彼らは、小祠の祭祀・卜占・加持祈祷を職掌とした。そのばあい修験者は、陰陽道的な思想・方術を摂取したのである。他方、陰陽師を統括する土御門家も、修験を取りこもうとしていた(51)。したがって末端において、修験者と陰陽師の混交があったことは否定できない。表7の大夫とは、後述するように高知県の北部に定住し、修験道などを加味した呪術的な祈祷をおこなう民間陰陽師である。それはともかくとして、徳島県のタヌキ信仰を推進した主力は、修験者であったと思われる。

もともと各地の神社を中心とする民間信仰、および仏教とくに密教と深い関係をもっていた修験は、明治五（一八七二）年の修験宗禁止にともない、真言宗または天台宗の僧侶となり、あるいは神社に入って神官となった。さらに世俗的な職業につく者もいた。それゆえ、表7において住職・神官・拝み屋およびタヌキ使いと記された者のなかには、修験を出自とする者もあったに違いない。ちなみに表7—1・2・7の住職が属する普賢寺・光泉寺・万福寺は、いずれも真言宗の寺院である。

タヌキ憑き・タヌキ信仰の背景に修験があったことは、ほかの資料によっても傍証される。近世後期に成立した阿波関係の写本に、これを示唆する伝承を確認できる。一つは『阿洲奇事雑話』(57)(横井希純、一七九〇年代後半成立)巻二「荻原狸守」が語る護符の由来である。それは表7—9に示したが、もう少し詳しく述べよう。すなわち尼に化けたタヌキの遺残の護符がタヌキ落としに奇効をあらわし、おかげをこうむった者の子孫が「修験者の如く成て此狸の守りを元に立て祈祷等をして世を渡りしは、近き頃迄其沙汰を聞けり」という話である。

あと一つ『古狸金長義勇珍説席』(24)(松樹、一九世紀半ば)と称する写本に、修験がタヌキと対決する場面が出てくる。この書物については今後も何回かふれるので、内容を簡単に要約しよう。これは、がんらい乾坤二巻よりなるが、現存するのは乾巻のみ。紹介はその部分に限らざるを得ない。

藍染紺屋を職とする小松島の大和茂十郎のもとに万吉という一六歳の奉公人がいた。彼に金長タヌキが憑き、かつて命を助けてもらった茂十郎への恩返しを志し、その出世と商売繁盛のためにひそかに尽力してきた、と告げる。その後も金長は万吉に憑いて人びとの吉凶を占い、結果はことごとく的中した。そこで茂十郎は、金長のため祠を建立すると約束する。やがて金長はまたもや万吉に憑き、「津田浦(現徳島市津田西町)の六右衛門タヌキから官位を受けるため、修業に出る」と理解を求めて去った。修業の結果むなしからず、官位を受ける段階にいたったが、金長と六右衛門のあいだに諍いが生じ、両者はそれぞれ仲間を集め、激しく戦うことになった。

『古狸金長義勇珍説席』は、講談の台本を書写したものだろう。誤字や誤記も多い。たとえば事件の年を「天保十子年」とするが、天保一〇年は亥年である。目移り型の誤写があることから判断すると、原本は別にあり、これを写したのが現存本と思われる。序には天保一〇年の年記が書かれている。写者の付加らしい。筆写の時期は、維新より前と推定される⒂。

大和屋と金長の物語には、笠井が紹介した別説も知られており、こちらは『古狸金長義勇珍説席』よりずっと簡素である。内容その他も、後者といちぶくい違う。後者の茂十郎は、笠井採録伝説においては茂右衛門。『古狸金長義勇珍説席』では、いきなり金長が万吉に憑いたことになっている。他方、笠井採録伝説によれば、茂右衛門の屋敷裏にあるタヌキ穴に握り飯や油揚げを供えているうちに、不思議と店が繁盛しはじめた。しかるのちに金長が万吉に憑く。なお一九六一年に富田狸通㉟が、大和屋六代目の梅山潤一から直接聞いた話の筋は、『古狸金長義勇珍説席』とほとんど変わらない。ただし主人の名は、茂十郎ではなく茂右衛門であった。

万吉へのタヌキ憑きは、おそらく実際の事件だったのだろう。ある講談師が、以前から流布していたタヌキ合戦の伝説と万吉の事件を結びつけて、結構な物語を創作したに違いない。こうしてひとたび公開の席で談じられた話は逆流し、今度は大和屋のほうが講談の筋を自家伝承にくりこみ、由来話を修飾していった、と推定される。なおタヌキ合戦のモデルについては、のちに述べる。

さて話題をもとに戻す。『古狸金長義勇珍説席』には、那珂郡宮倉村（現羽ノ浦町宮倉）の修験者が、金長を退散させるために大和屋に訪れるくだりがある。修験者は、万吉に憑いた金長にむかい、「聞及びし金長とは其方なるや。先達てより当家の下人に還着し、人間を苦しめ多く人をたぶらかし、偽言を以て諸人を迷わす事、誠に神明仏陀をもなきが如くの振舞、言語道断なり。……人にもあらぬ畜生の身を以て万物の王たる人身を悩す事不憎や。早く立去て当家に仇する事なかるべし」と恫喝した。修験者が万吉のタヌキ憑き落としを試みたのが、事実かどうかはわからない。しかしあり得たいきさつではあろう。少なくともこの講談がおこなわれていたころ、阿波の修験者がタヌキ落しの役を演じていた事実が話に取りこまれたことは、疑い得ない。

さきに、タヌキ信仰発生の動機の第二に、タヌキがもたらした現世利益への報賽をあげた。『古狸金長義勇珍説席』の金長のように、人を害することなく、かえって人を助ける型のタヌキ憑きも認められていたのである。タヌキ落としに失敗した修験者などが、失敗の口実にタヌキ憑きと憑かれた者（またはその関連者）の幸運をこじつけ合わせ、結果としてタヌキの信仰を広めた場合もあっただろう。

タヌキ信仰における修験の関与は、タヌキ伝承の分布パターンが修験の行動圏とよく一致することによっても支持される。この件については、叙述が少し長くなるので、項をあらためて考察したい。

タヌキ伝承の分布と修験道

図9は、笠井が作成したタヌキ伝承の分布を、現行の地図に重ね合わせたものである。タヌキにかんする伝承が濃厚に分布する地域は、大まかには三つに分かれる。西から順番に、まず三好郡一帯、

とくに池田・山城両町、第二に美馬・阿波両郡の吉野川沿い、なかでも半田・貞光・穴吹・山川・脇の五町、さいごに紀伊水道に臨む徳島・小松島・阿南の各市と羽ノ浦町である。

さて、近世以後における阿波修験の最大の拠点は剣山であった。剣山と吉野川流域のあいだの交通路には、木屋平を経て穴吹に出るルート、木屋平から別れて徳島に出るルート、東祖谷・一宇を経て貞光に出るルート、および東祖谷を経て三好郡山城・池田に出るルートがある。なかんずく穴吹川に沿う第一のルートは表参道、貞光川に沿う第三のルートは裏参道として繁栄した(28)(55)。これらのルートは近世に開かれたが、それぞれ現在の四三八線（東西走行）＋四九二号線、四三八号線（東西走行）、四三八号線（南北走行）、および四三九線＋三二一号線に大略相当する。

したがって剣山の修験者が里に定住し、さらに維新以後僧侶・神官・俗人に姿を変えたときには、以上のルートの通過地・終点が居所に選ばれただろう。そして通過地の木屋平・一宇にはタヌキ伝承が残っており、タヌキ伝承濃密地帯は諸ルートの終点と重なる。タヌキ伝承の一部は、地元の人びとの体験・幻想の産物であった。あとの一部は、他の地方から輸入した話だろう。両者をふくめて、徳島県におけるタヌキ伝承の伝播には、修験者が大きな役割を果たしたと判断せざるを得ない。そして彼らが、タヌキ伝承の流布のみならず、タヌキ信仰の流行を主導したと思われる。

もともと近世の剣山は、木屋平村の竜光寺と東祖谷村の円福寺が、当山派修験と協力して開発した霊山である。竜光・円福両寺は、ともに真言宗寺院。剣山の里修験およびその後身が、上記ルート終点圏にあるゆたかな町村の真言宗寺院と密接な関係を持ったのは、当然であろう。表7－8の事件は

西淡町
南淡町
鳴門公園
鳴門海峡
津田町
三木町
寒川町
大川町
長尾町
大内町
白鳥町
引田町
香川県
鳴門市
松茂町
北島町
徳島空港
板野町
藍住町
土成町
大滝山
讃岐山脈
上板町
阿波町
吉野町
市場町
石井町
吉野川
JR徳島線
美馬町
鴨島町
高越山
山川町
美郷村
川島町
小松島市
佐那河内村
神山町
徳島県
木屋平村
勝浦町
那賀川町
阿南市
上勝町
大竜寺山
剣山
剣山地
木沢村
相生町
上那賀町
由岐町
木頭村
日和佐町
大浜公園
室戸阿南海岸国定公園
牟岐町
津島
大島
出羽島
海南町
海部町
宍喰町
東洋町

図9　徳島県におけるタヌキ憑き伝承の分布
文献（13）によ

大正一〇（一九二二）年ごろにおきたが、この時代になっても、剣山修験関係者が徳島市内でタヌキを落としていた。

徳島県には、剣山以外にも修験の山がいくつか知られている。なかでも山川町北部にある高越山は、この県ではもっとも古い伝統をもち、中世においては阿波修験の中心地であった。高越山の修験は、当山・本山両派にたいし独立性の強い地方修験道だという(29)。図9を見ればわかるように、高越山は、半田町から山川町にいたるタヌキ伝承濃密地帯のすぐ南に位置する。この派の修験も、タヌキ伝承・信仰の媒体であったかも知れない。さらに脇町と香川県との県境にそびえる大滝山も、古くから開けた修験の山であった。流派は、真言宗当山派。脇町のタヌキ伝承・信仰に、大滝山修験が無関係だったとは断言できない。阿南市の太竜寺山もまた、歴史が古い。太竜寺山の修験者が里に降りたとすれば、阿南市・羽ノ浦町・小松島市を経て徳島市にいたる地域に進出しただろう。

そこで注目されるのが、高越山と大滝山の石投合戦伝説である。二つの山は仲が悪く、そのあいだで激しい石合戦が展開された(12)。田中善隆(29)と大和武生(55)の解釈によれば、この伝説は高越山修験と大滝山修験の争いを反映する。徳島県の有名なタヌキ伝説の一つに、吉野川北岸阿波町伊沢の鎮十郎タヌキと、同南岸山川町川田の赤岩将監タヌキの合戦談がある。これは、高越山修験と大滝山修験の縄張争いをタヌキ伝説に仕立てあげて、成立したのではないだろうか。敗北した鎮十郎タヌキが、屋島の禿タヌキに救援を求めたというのも、屋島修験が大滝山修験とおなじく当山派に属するのを考えると、筋が通る。さきに紹介した津田山の六右衛門タヌキと小松島の金長タヌキの戦いも、修験内部での紛争をモデルにした物語かも知れない。たとえば、太竜寺山から東に向かい阿南市に出て北上する勢力と、剣山から徳島市を経て南下する勢力の衝突が考えられなくもない。金長タヌキのイメージは、彼が修験と対立したところから見ると、ふつうの里修験よりも位の低い下級行者を念頭において創作された可能性もある。

タヌキには、古来石つぶてを投げる習慣があった。『古今著聞集』（一二五四年）六〇八にすでに、その種の世間話が記された。笠井(13)と飯原(4)も、上那珂町・美馬町・由岐町の類話を採録している。『古狸金長義勇珍説席』においても、小松島の金長タヌキ勢と津田の六右衛門タヌキ勢の戦いで、投石戦法が用いられた。じっさい投石は、中世以来軽輩の戦闘手段でもあった(38)。かくてタヌキ合戦の話は、流派・拠点を異にする修験の争いの歴史につながるのではないか。一般にタヌキは、下級宗教者を象徴することがある(40)。なかでもタヌキを使う修験者とタヌキそのものは、イメージのうえで融合しやすい。

タヌキ祠成立の経過

タヌキ祠は、どのような経過で誕生したのだろうか。既存の祠に無関係に、あらたに建立された場合がかなり多いだろう。その諸例は表6にあげたので、あらためて説明する必要はあるまい。伝承が残っている成立時期は、近世末期から一九五〇年代まで、かなり時幅が広い。そのほか、すでに祀られていた雑神がタヌキと習合し、あるいはタヌキにより地位を簒奪されたケースもあったようだ。『阿州奇事雑話』巻二「狸脇指」には、タヌキ信仰の発生にふれた伝承が収録されている。大要つぎのとおり。

徳島藩のある武士屋敷に住むタヌキが老僧に化け、軍書の購読を聴講した。購読が終わり、老僧はお礼に武士に脇差を贈呈しようとしたが、その作法が無礼であるとして斬殺された。武士の家にはそののち不幸が続き、ついに断絶にいたった。その後年を経て、屋敷跡から石の地蔵が掘り出され、参詣者多く、諸病平癒の立願に奇験ありと伝えられた。

この伝説について著者の希純は、つぎのように論評する。

是は彼の殺したる古狸の魂魄此石地蔵に依て霊験も有しにや。此類の地蔵又は古き墓等に狸の因て、或は病を直し色々と一旦奇験を顕し、世に流行仏とて参詣群衆をなす事、其時々毎度有る内に、始の程は不思議に難病も平癒する事も有しを……後々には何の験もなく参詣も次第に減じ、一人も詣らず。さ様になるものなり。

希純のコメントは、流行神・流行仏の実情を的確に示す。当時つまり一八世紀末、この事件に限らず、地蔵や墓とタヌキの霊力が結びついて、現世利益をみたす効験が信じられ、信者を集める例が少なからずあったことは、希純の口ぶりから察せられる。そのころ修験者がタヌキ落としの祈祷をしていたことも、同書の「荻原狸守」を引いてすでに述べた。

『古狸金長義勇珍説席』のなかで、金長タヌキは茂十郎にたいし、近辺に住むタヌキを列挙し、「人間を欺、又は藪神古社古墓抔を流行神となせし程の手柄をせし者は是等也」と告げた。また、とくに津田浦の六右衛門タヌキにかんし、「此比穴観音を流行らせ、諸方の狸に官位を与へけり。此観音を流行らせせし事は、世の人能知る処也。又狸の官といふは、神仏を流行らせ諸人に尊教《ママ》させせし其功によりて、藪神鎮守抔に成し、此六右衛門は正一位の高官に昇る」と説明されている。

以上近世の二つの文献は、つぎのことを教える。すなわち一八世紀の終わりごろには、タヌキ信仰が地蔵や古墓霊にたいする信仰と習合する事件がおきていた。さらに一九世紀後半には、既存のいちぶの古社や藪神などの雑祠、ときには鎮守社の祠、古墓の祠までが、タヌキの祠と見直されつつあった。その経過を雑神のほうから見れば、これを流行神に仕立てあげるにあたり、タヌキの功績が大きかったことになろう。タヌキの功績によって利益を得たのは、雑祠を管理する民間宗教者、とくに修験者であったことは否定できない。

タヌキ祠に変身した藪神・古社・古墓とは、どのような雑神だったのだろうか。近世後期における地蔵や観音とタヌキとの習合にかんしてはさきにふれたが、そのうち六右衛門タヌキと習合した穴観音について、もう少し説明したい。津田浦の穴観音は、現徳島市津田西町、近くの津田寺（真言宗）の飛び地墓地裏にある。上記引用のうち、六右衛門タヌキが「此比穴観音を流行らせ」たという表現は、穴観音がさかんに参詣客を集めるようになった時期が、『古狸金長義勇珍説席』成立期をそれほどさかのぼらないこと、それにタヌキとの結託以前にすでに穴観音が存在したことを示唆する。事実『阿波志』(45)（藤原憲、一八一五年序）巻八の津田山の項を見ると、「往々石棺あり。氏名を見ず。又石窟あり。八幡祠の傍にあり。三歩計入り、石面に地蔵像を彫す。復若干歩入り、観音像を安んず」とある。しかしタヌキについては、一言も述べられていない。おそらくこの時期穴観音は、タヌキ祠とはみなされていなかったのだろう。ただしこの書の筆者が、タヌキの話を邪説として書かなかった可能性も排除はできない。なお引用文中の八幡祠とは、現津田西町の八幡神社であろう。

現在、穴観音の岩窟の奥に如意輪観音の石仏が安置されており（図10）、台石に「天保十四年六月

図10　穴観音岩窟奥の観音石像

十八日当浦女講中」の文が刻まれている。ところが天保一四年は一八四三年に相当し、『阿波志』序の一八一五年よりも三〇年近く後になる。笠井は「穴観音の背後には、つい近年まで、非常に奥行の深い狸穴があった。……この洞穴は、その後石口になったので、今は全くつぶされてしまってゐるといふ」と記す。現在の穴は、以前の深い穴の入口に相当し、穴の奥が崩壊したので、新たに修復再生されたようだ。休憩所にある掲示によれば、最近では一九七〇年に墓地全体の整備がおこなわれ、これに石材業者も参加している。穴の奥が崩れたのちある段階で、石壁が彫りなおされ、地蔵像が消え、同時に文化期にあった観音石像の代わりに、現存の石像が置かれたのであろう。穴の崩壊時に、前者に破損が生じたのかも知れない。

それにしても、天保一四年の観音石像を奉納した津田浦の女性講の実態は気になる。この石仏について岡島隆夫(11)は、「津田浦の漁師のおかみさんたちが海の男の安全と大漁を祈った」と推定した。近世において津田浦の人びとは、漁業と海上輸送によって生活していたのだから、岡島の説はたぶん当たっているだろう。そして文化期の観音石仏も、似たような祈願を引き受けていたと思われる。では、なぜこれがやがてタヌキ信仰と結びついたのか。タヌキは既存の穴を巣にもちいる習性をもっており、その出没が穴観音との縁の一つになったに違いない。タヌキの出没は必要条件である。これに修験者・行者の活動が加わらなければ、充分な条件にはならない。

タヌキとの結託をべつにすると、徳島県では、津田浦の穴観音よりも羽ノ浦町拳正寺（真言宗）の穴観音のほうが著名である。こちらの穴観音は横穴式古墳を利用したもので、板東一六番の上州水沢寺から移した如意輪観音が置かれているという(34)。宝暦一〇（一七六〇）年の石灯籠があるところから判断すると、近世中期には信仰の対象になっていたのだろう。なお『阿波志』の記事が示すように、津田浦穴観音の山は横穴式古墳地帯である。こちらの穴の原形も、横穴式古墳だったという説もある(1)。沼義昭によれば、女性の胎内を象徴する洞窟に観音を祀る寺院は全国的にも数多い。また海辺の観音は多様な信仰を集め、とりわけ海女をはじめ海辺で働く女性たちに熱心に信仰された(43)。現代においても、阿南市伊島町・椿泊町、由岐町伊座利・阿部では、裸潜水漁が遺存する。ただし阿南市では、いまでは潜水するのは男性のみ(30)。伊座利・阿部は由岐町の北部に位置し、椿泊・伊島は阿南市の南部にあって、これらの地域はたがいに接近している。漁撈が衰える以前の近世には、もう少し北部まで潜水漁法がおこなわれていた可能性も否定できない。津田浦の女性たちが育んできたのと類似の信仰が、この一帯においてなされていただろう。なお洞窟は母胎を象徴するので、穴観音を信仰する女性は、大漁・海上安全のほか、安産・多産の願いをも、これに託したに違いない。

地蔵・観音はいちおう銘柄の信仰対象であるが、もっと雑神と称するにふさわしい信仰対象をも、タヌキは取りこんでいった。徳島市南佐古の椎の宮神社には、近隣にあったいくつかのタヌキ祠が、空襲の被害をきっかけに集められた。そのなかの一つを、別名お船戸大明神という(3)。おなじ徳島市の住吉にも、おふなたさんと称するタヌキ祠がある(13)。おふなたさんも船戸神である。徳島県各地で祀られる船戸神は、他地方の道祖神に相当し、猿田彦にも付会されるようだ。船戸神は、がんらいは境界を守る神、旅の安全を保証する神であるが、現在信じられている主なご利益は、手足腰の痛みの平癒である。そのほか安産、子供の無事、子孫の繁栄の祈願にも効能ありとされる(2)(56)。多様なご利益をもたらす庶民の神が、流行のタヌキ神と混同されたらしい。庚申もまた、タヌキと習合した。徳島市南佐古の庚申新八や半田町藤野の庚申塚のタヌキの話から、そのことが推察される。

さいごに鎮守社境内の雑祠との習合の例をあげておく。赤岩将監タヌキと戦った阿波町伊沢のタヌキの名=鎮十郎は、鎮守の借用だろう。笠井によれば、鎮十郎は伊沢の鎮守の森の小さな黒素焼きの祠に祀られている。私が一九九六年に訪れたときも、伊沢神社の境内に一辺三〇センチぐらいの黒素焼の箱型祠があった(図11)。年月を経てかなり痛んでおり、古色が見える。なかには丸い石が入っていた。この祠は今では無名である(44)。阿波町は黒瓦の産地であり、黒瓦を利用したほうが石を使うより廉価なので、野神・船戸神などには、黒瓦を使うことが多い(44)。

かつてタヌキと結びつけられた雑祠が、また今はもとの雑祠に戻ったのだ。ちなみに都筑梅太郎(32)によれば、伊沢神社から東南へ一キロメートルほど離れた吉野川沿い水田のなか(阿波町小字伊沢市)の黒瓦祠が、現在では鎮十郎祠とされている。しかしその祠には、鎮十郎祠であることを

図 11　鎮十郎の祠？（伊沢神社）

示す標識はない。都築の論文の発行年、すなわち一九七九年にこれを鎮十郎祠とする人があったことは間違いない。在地の人は、古くからあったタヌキの祠であり、三〇〜四〇年ほど前までは、あたりは三坪ほどの林だったという(44)。状態から判断すると、伊沢神社のものよりは新しそうだ。都築はすでに逝去しており、事情を知る人はいない。近隣の人も、これがタヌキ祠だとは知っているが、鎮十郎祠であるという認識をもたない。在地のだれかが鎮十郎伝説を知り、その名を負わせたのだろう。

タヌキと御霊・樹霊　タヌキの名称

徳島市寺町の妙長寺（日蓮宗）は、お睦（六）さんとよばれるタヌキ祠をかかえ、大いに繁盛している。笠井(13)によれば、大正期には参詣人は日に数百人をくだらなかった。一日に八百個内外の油揚げが供えられた。このお睦（六）の由来説は、四つに別れる。そのうち三つは、笠井が紹介した市井の伝承である。第一説、妙長寺南手の某寺の境内にあったタヌキ小祠が取り払われようとしたのを、妙長寺が引き取った。第二説、現在のお睦祠に接し、かつては巨大な松の木がそびえ、ここに住むタヌキが付近の人に憑いたり、彼らを化かしたりした。そこでタヌキたちの頭のお六を祀り、悪行を鎮めた。問題の松の木が某寺に所属していたとすれば、第一・第二説は矛盾しない。第三説、半田町逢坂にいたお松というタヌキが、祀ってくれている人とともに徳島にでかけたが、半田に帰るのがいやになり徳島に居つき、寺町に祠を得た。この説明も、第一・第二説と両立し得る。

第四説は、妙長寺がわの語る由来である。妙長寺によれば、お六は正しくは御睦大善神とよぶべきである。お睦は、古い時代に実在した高貴な身分の女性だった。彼女の死後、お睦は神格化され、妊娠・安産・育児などのご利益により信仰を集めた。これを受けて寛永九（一六三二）年、阿波藩主蜂須賀家の家老＝樋口長正の息女が出家して春徳院と号し、お睦の墓地をもとに妙長寺を創立した。しかし明治初期に布告された神仏分離令にしたがうと、御睦大善神も妙長寺から分離しなければならない。そこで当時の住職が、御睦大明神は神ではなくタヌキだと称して、祠の撤去を免れた(23)。

ところで、阿南市東加茂のお松大権現が出した『お松大権現御由緒』という冊子(22)がある。長くなるが要約しよう。

お松とは、加茂谷村（現阿南市加茂町）の庄屋＝阿瀬川泰重の妻であった。阿瀬川家は、紀伊の名門＝湯浅氏の末裔。またお松の実家＝仁木氏も、戦国武将の子孫と伝えられる。泰重は、野上三左衛門というものから五反地を抵当にして借金したまま死去した。残されたお松は借金をすべて返却したが、返金をしたとき証文を取らなかったので、三左衛門は五反地の返還を拒否する。お松は郡代に訴えた。しかし裁決において、お松の主張は却けられた。ついにお松は家老に直訴し、その罪を問われて貞享三（一六八六）年三月に処刑された。彼女は、一宿寺の過去帳に、春徳院楓妙散信女として記載されている。さてお松は死を覚悟したとき、「自分は無実の罪で死んでゆくが、神になっておなじ運命に泣く人を救おう」と寵愛していたネコに言い聞かせた。お松といっしょに葬られたネコの霊が祟り、お松を死に追いやった野上家と郡代の長谷川家には怪異がつづき、一家は死に絶えてしまう。他方お松は、お松大権現として祀られ、その境内にネコ塚もつくられた。そののち問題の五反地を取得した者にはかならず怪異が生じ、現在では土地の半分を太竜寺が所有し、残りには買い手がついていない。

この物語において、タヌキ祭祀との関連で注目すべき事項が六点ある。そのうち最初にあげる四点は、妙長寺伝のお睦伝説と類似点をもつ。第一に、お睦もお松も身分卑しからざる家筋の女性である。第二に春徳院の名は、お睦を祀った女性とお松に共通であった。第三は、お睦とお松の音韻上の類似である。第四に、動物との縁を見のがすことができない。妙長寺の説明を採用したとしても、お睦をタヌキと言い紛らしたについては、なにか理由があったに違いない。近世の説話においては、ネコとタヌキの混同がおこなわれており、怪ネコ談と怪タヌキ談が入れ替わる場合があった(39)(40)。現代の徳島県のタヌキ信仰においても、鷲敷町和食の蛭子神社境内に住むタヌキは、ネコに化ける。第五

表8　樹木に関係あるタヌキの名

名称	所在地	樹木と巣の場所
お松	海南町大里	
お松	徳島市南佐古	松の下
お松	半田町逢坂中ノ町	
紀伊國お松	徳島市元町	
松兵衛	徳島市津田	
松兵衛	徳島市東新町	
松兵衛	美馬町谷口	
松平	徳島市南新町	
松広	徳島市南佐古	
笠松	徳島市幸町	かつて松の根元　切ると祟る
藤松	徳島市八万町	藤が絡みついた　松を切ると祟る
楠	池田町中西	楠の根元
楠	徳島市津田西町	楠の根元
楠	徳島市南出来島町	かつて楠の根元
楠	徳島市明神町	楠の根元
楠藤兵衛	脇町岩倉	楠の根元
お梅	穴吹町風呂の谷	
柿の木	徳島市寺町	
藤兵衛	脇町（旧岩倉村）	
青木藤太郎	山城町相川	
黐の木狸	徳島市南昭和町	黐の木
大木	脇町本町	

文献（3）（4）（13）（47）（48）による

は、お松信仰と修験の関係である。阿瀬川氏の先祖には、太竜寺山信仰があった。お松の過去帳を持つ一宿寺（真言宗）は、太竜寺山へ登る旧参道の通過地点に位置し、太竜寺との関係は密接である。第六に、お松の名称と彼女の刑死の原因となった五反地の関係である。徳島県には、くせ地・なん地とよばれ、そこの木を切ると祟るという伝承の土地が存在する。耕作するものもなく、売買の対象にもならない。欲しながらも入手できなかった人の執念が取りついており、黙って通ると山の神に祟られると伝えられる。くせ地・なん地は、もと山の神を祀ってあった跡、凶事の跡、訴訟の結果の怨みの残る土地である、ともいう(14)(56)。お松の五反地は、典型的なくせ地・なん地である。彼女の伝説では、土地所有権争いの結果くせ地・なん地がうまれたことになるが、一般にくせ地・なん地発生の諸因は混交していただろう。とくにお松の名とその伝承上の経歴から、樹霊・山神・野神・御霊信仰が連想されよう。

さて第六点を手がかりにして、もう少し考察を進めたい。そこで、あらためて著名なタヌキの名称と住みかを調べると、名称は樹木の名を流用したものが多い（表8）。そうでなくとも、木の根もとまたはその近くを巣穴とする例が少なくない（表9）。表6—13のように、タヌキの骨が松の木の下から出土した事実も知られている。タヌキの祟りと、くせ地・なん地の山神（平地の場合は野神）の祟り、およびそこに鎮まる樹霊の祟りとは無関係だろうか。徳島市幸町の笠松、同市八万町の藤松、市場町尾開のおそめのように、住み処の樹木を切ると祟るタヌキも周知である。要するにタヌキ信仰は、樹霊・山神・野神とも習合したふしが認められる。山野、とくに繁茂する大樹の根元は、タヌキの活躍の根拠地であったはずだ。

そこでお松権現にかんする他の諸点を、総合的に考えてみよう。お松権現は、太竜寺山の北麓にある。しかもお松

表9　名称は樹木に無関係だが巣・祠が樹木の場所にあるタヌキ

樹種	名称	所在地	備考
楠	無名	徳島市助任本町	切ると祟る
	傷寒坊	徳島市鷹匠町	
	お六	徳島市出来島町	
	無名	徳島市寺島本町	
	太郎	徳島市徳島町城内	
	無名	徳島市中徳島町	
	無名	徳島市前川町	
	おしずか	山川町船戸	
	次郎左衛門	脇町江原	
松	おそめ	市場町尾開	切ると祟る
	為左衛門	貞光町太田	
	どが	徳島市北佐古	
	お亀	徳島市津田町	
	無名	徳島市八万町	
	三太郎	徳島市吉野本町	
	無名	山川町瀬津	
銀杏	八陣	徳島市北佐古	
	無名	徳島市寺島本町	
榎	無名	脇町猪尻	
槐	無名	徳島市寺島本町	
樫	四輪	徳島市南庄町	
杉	お七	池田町中西	
栴檀か	六兵衛	半田町小野	
柳	お芳	徳島市秋田町	

文献（3）（4）（13）（47）（48）による

が一宿寺にゆかりあるとするならば、お松・お六伝説の流布のある部分に、修験も力を貸したと推定できはしないか。半田町のお松が徳島に移り、妙長寺のお六（睦）になったとする伝承は、阿波各地のお松・お六伝承ネット・ワークの存在を示唆する。発生地は確定できないが、お松・お六と動物の伝承がさまざまに姿を変え、それぞれの場所がらに適応して、各地のお松・お六タヌキを誕生せしめた。妙長寺は日蓮宗に属する。したがって、この寺は修験とつながりそうにない。けれども、妙長寺のお六（睦）が南側の寺から移された、という噂話がかりに事実であり、その寺が真言宗所属であったとすれば、話はうまくあう。妙長寺のある寺町は、寺院の密集地帯である。現在妙長寺よりも南にあるのは、善学寺（日蓮宗）と潮音寺（臨済宗）に過ぎない。近世の地図を見ても、日蓮宗と思われる妙典・本学両寺が加わるだけである。したがって、修験が直接に、妙長寺の女性御霊神をお松・お六ネットワークに繰りこんだとは思えない。

お松大権現もお睦大善神も、女性の霊をさすことは疑いない。関連してふりかえると、『阿州奇事雑話』・『古狸金長義勇珍説席』は、タヌキが古墓を流行神とした、と説く。津田裏の穴観音は墓地に位置し、その穴が掘られた山には古墳が多い。タヌキ信仰は、御霊信仰とも習合したようだ。そうして見ると、お松・お六とお睦との連絡の真相について、もっとも可能性のたかいのはつぎのような経過だったろう。修験が媒介したお松・お六の御霊、樹霊・山神・野神のネットワークは、これに付着したタヌキ・ネコを携えながら、ある段階で寺町を網内に囲い込んだ。徳島城下では、タヌキが流行神化しつつあったので、その結果妙長寺の意向に関係なく、周辺の人がこの寺の御霊神祠をお六タヌキ祠と見なすようになっていたのだろう。神仏分離政策に対応するために、寺側は巷間の説を方便として御霊神をタヌキと認めたのだ、と推察される。阿南市のお松大権現も、もし徳島城下にあったならば、ネコ塚をともなうのではなく、みずからがタヌキと化していたかも知れない。

お松・お六の名称の意味解明にかんしては、別の方向からも接近する必要がある。表8を見ればわかるように、松の名を持つタヌキが、松の根元に巣穴を持っていたという伝承は、意外に少ない。この点で、楠の名を借りたタヌキの多くが楠に住んだのと対照的である。しかも表9を一覧すると、松の根元に巣や祠を持つが、名前は松に無関係なタヌキもたくさんいる。そこで、お松→お六の転化経路だけでなく、お六→お松の経路も考慮しなければならない。後者の経路の起点のお六の名は、樹木の名以外に由来するのではないか。

タヌキを八（ハチ）と称する地方がある。柳田国男(54)によれば、東海地方南部ではタヌキの特徴として八文字の斑毛が注目されていた。また松山義雄(50)は、中部地方の山地ではタヌキをハチムジナ・ハチとよぶ、と報告している。同様の名称が通用する地域は多い。酒買いタヌキ像の徳利の㈧が流布した一因も、ここにあるだろう(40)。ところで私が所持する剥製のタヌキを背中のほうから見ると、図12のように黒い六の字が浮かびあがってくる。ときには九の字にも見えるし、六の字のナベブタを視野から除けば八になる。また白毛のパターンも、八の字に近い。このように斑紋のパターンをタヌキの名称に用いるのは、たぬき・むじなの民俗名が、ごく最近まで動物学標準和名のタヌキ・アナグマの両方に使われており、両者を区別する別称が必要だったからであろう。

図12　タヌキの毛皮の八・六

そこで推察になるが、徳島県ではタヌキをムツまたはロクとよんだ時代・地域があったのではないか。表10を見ればわかるように、私が集めた例では、タヌキの名についた数字は六が一二、八が一三と圧倒的に多く、九がこれらに次ぐ。そしてひとたびタヌキに六・八・九などの数字名がつくと、これに誘われて一・三・四・五・七・十もタヌキの名にふさわしいと思われるようになったのではないか。ようするに、樹木名の松と、タヌキ毛の六の両方が、お松・お六などの名称の盛行に貢献したと考えるべきだろう。なお九のうち「九郎」の系統は、タヌキの別称＝クロとも関係があるかも知れない。

代替稲荷としてのタヌキ祠

一つの流行神が蔓延するには、その効験をもとめる一般の人びとの期待が不可欠である。さらにこれによって生活の糧を得る宗教者の側の期待も、ときには無視できない。では両者の期待が、なぜ他ならぬタヌキに集まらなければならなかったのか。

近世の半ばに、都会を中心に大きな経済的変動が生じ、その変化はさいごには農山漁村にまで波及した。都会においては、貨幣・商品の流通とともに、居住者の移動も著しかった。なにかの拍子で見込まれた土地神・屋敷神は、根無し草のように故郷から離れて浮遊・流行し、手工業・商業・金融業・

表 10　数字の名をもつ徳島県のタヌキ

名称	所在	名称	所在
与一	土成町宮川内	お八	脇町（旧岩倉村）
お三	池田町白地	八助	脇町小麦谷
お三	池田町中西	八兵衛	阿南市宝田町
三太郎	徳島市吉野本町 万福寺の松	八兵衛	阿南市中大野町
衛門三郎	小松島市中郷町	八兵衛	徳島市伊賀町
お四	徳島市勢見町	八兵衛	徳島市南沖洲
四輪	徳島市南庄町 陸軍墓地の樫の根元	お八重	徳島市大道
段四郎	鳴門市大麻町	八陣	徳島市北佐古 来光寺墓地の 銀杏の根元
大五郎	一宇村北藤中	金八	神山町上分
竹五郎	羽ノ浦町 那賀川沿い	金八	山川町川田
お六	徳島市大森新田（現町名不明）	権八	徳島市南佐古
お六	徳島市勢見町	次郎八	脇町（旧岩倉村）
お六	徳島市津田西町	庚申新八	徳島市南佐古
お六	徳島市出来島本町 楠の根元	九人	徳島市新町橋
お六	鷲敷町和食 猫に化ける	九郎右衛門	川島町川島
おろく	脇町小麦谷	九郎右衛門	鳴門市 撫養町立岩
お陸（六）	徳島市寺町	九郎兵衛	徳島市明神町
六右衛門	徳島市津田西町	源九郎	藍住町佐古
六兵衛	貞光町太田	源九郎	北島町高房
六兵衛	徳島市大工町	定九郎	徳島市東新町
六兵衛	半田町小野	権十郎	一宇村剪宇
ほうろく	徳島市伊賀町	鎮十郎	阿波町伊沢
お七	池田町中西　杉の根元		
お七	貞光町太田		
七蔵	貞光町太田		
祐七	小松島市金磯町		

文献（3）（4）（13）（18）（47）（48）による

娯楽業の発達が誘発した人びとの欲求によく応えた。村落共同体から離脱し、これらの職業に流れ込んだ人びとは、浮遊する習性において流行神と類似していたのである。金長タヌキのパトロンだった大和屋茂右衛門は、もとは中ノ郷村（現小松島市中ノ郷町）の農民であった。やがて日開野村（現小松島市日開野町）に出て、藍染紺屋の徒弟として働いた。独立して藍染の職で身を立てているうちに、突然繁盛しはじめたのである。それは、この家に住むタヌキのおかげであった。藍染業のような、社会の新しい需要に合致した産業を背景にして、金長タヌキの信仰がはじまったことがわかる。

江戸などの東日本の都市で、新しい要求に応じたのは、主として稲荷であり、これはキツネ信仰と結託していた。諸派の修験・行者は、稲荷・キツネ信仰に大いに寄与した。ところで四国は、空海誕生の地である。徳島県は真言宗の金城湯池であり、これに連合した当山派修験の活動は活発であった。彼らは徳島城下など町場に進出するにあたって、可能ならば稲荷を普及させたであろう。また都市の住民も、可能ならばそれを受け入れたにちがいない。

図13に、キツネおよびタヌキの生息分布調査結果(42)（一九七九年実施）を示した。この図を見ればわかるように、徳島県にはキツネはほとんど生息しない。近世、および明治・大正期にはもう少しいたかもしれないが、ほかの地域にくらべれば生息密度は低かったであろう（注）。そのため、全国的にはキツネと関連して普及している文化が、タヌキ文化に置き換えられた可能性がある。キツネとタヌキは、古来「狐狸の類」の表現のように、同類視される傾向があった。

私が「キツネ系」と名づけた(40)昔話を調べよう。「キツネ系」昔話とは、類話のうち多数の例において、

図 13　キツネ（上）およびタヌキ（下）の生息分布図（日本野生生物研究センター・1979 年調査実施、いちぶ著者が手を加えた）白いところが生息するという情報が得られなかった地域。

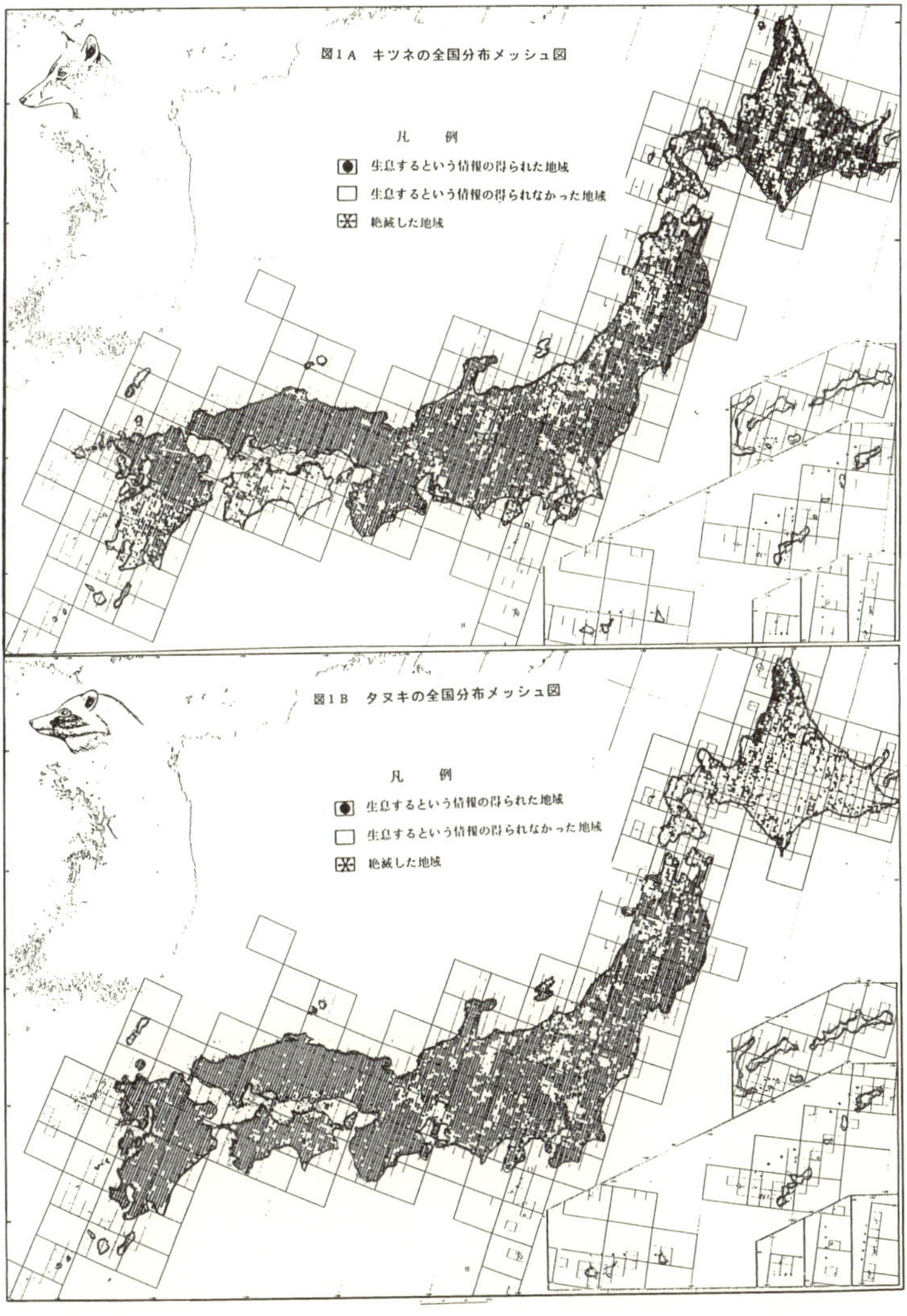

キツネが主役となって活躍する昔話である。『日本昔話集成本格昔話3』(25)のキツネ系昔話を見ると、「叺キツネ」二一話のうちタヌキがキツネの代役をするのは七話。採録地は、徳島三・長崎三・山梨一である。「八化け頭巾」一四話のうち、徳島・大分各一例において、キツネではなくタヌキが人の相手をつとめる。「尻のぞき」において、がんらいキツネがはたすべき役割をタヌキが演じるのは、一四話中二話。採話地は、徳島と高知。「似せ本尊」でも、おなじように一一話中三話、徳島・熊本・長野採録の昔話において、タヌキがキツネの代わりになる。およそのところタヌキによるキツネ代替は、西日本とくに徳島に多い、といえるだろう。

伝説・噂話においても、同様の結論が得られる。笠井(13)が集めたタヌキ伝説・噂話のなかで、タヌキは当然のことながらしばしば人に化ける。そのうち女性に化ける例は一八、男性に化ける例は一三であった。ほかの地域では、キツネが女性に化けるのがふつうである。かくて笠井は、阿波の伝説ではタヌキがキツネの代役をつとめる、と指摘した。

諸種民間信仰との習合状態についても、タヌキ信仰と稲荷信仰のあいだに類似が見られる。五来重が主催する稲荷研究グループの調査(21)によれば、西日本を中心として、稲荷が御霊・樹霊・山神・野神・土地神・観音・庚申・道祖神、そのほか名もなき雑神と習合し、またはこれらの神仏にとって代わってしまった例が、非常に多く記録されている。東日本においても、御霊・土地神と稲荷との習合が、直江広治(36)・宮田登(52)の調査研究によって明らかにされた。すでに記したように、タヌキ祠もまたこれらの点で稲荷とまったくおなじ振舞いを見せたのである。ただしタヌキの場合は、樹霊との習合の傾向がとくに著しい。さらにタヌキと稲荷との直接の結合を示す興味深い例をあげておく。徳島市勢見町金比羅神社境内には小さなタヌキ祠がいくつか並んでいるが、一九九七年七月にはその一つに「金咲稲荷大明神」の紙札が納められていた。

ここで前に述べた妙長寺のお睦信仰について、すこしばかり再論したい。近世に描かれたと思われる妙長寺所蔵の「於六善神尊像」は、右手に剣、左手に珠を持ち、岩の上に立つ女神を示す。現在、多くの寺院系の稲荷が出すお札のダキニ天像は、右手に剣、左手に珠を持ちキツネに乗る女神である。於睦善神は、図像形式において、この型のダキニ天からキツネを差し引いた姿に等しい。

またお睦は、タヌキと称して神仏分離の圧力をかわしたあと、明治末に当時の住職=伊藤智俊により「御睦経王大明神」という新しい名を与えられた(23)。「経王」とは、『法華経』を指す。この名は、岡山市の最上稲荷が祀る「最上位経王大菩薩」の名称を連想させる。正式には妙教寺とよばれる最上稲荷では、神仏分離政策に対応するため、稲荷の名を上記の菩薩号に変えたのである。妙教寺はがんらい日蓮宗の寺院であった。妙長寺のお睦と妙教寺の稲荷の名号の類似は、偶然ではないかも知れない。

以上の考察にもとづき、つぎのように結論をくだすことができよう。キツネの住まぬ徳島県では、稲荷の分布に空白が生じた。表11には、任意に選んだ数県における稲荷神社の比重を示している。ただし時期は現代、しかも戦後である。概して稲荷の密度は東高西低であるが、なかんずく徳島県は疎らである。この県では、神社本庁に属する稲荷神社は、四社を数えるにすぎない。勧請された時期も、

表11　全神社数にたいする稲荷神社数の比率

県名	全神社数	稲荷神社数	百分率%
青森県	912	177	19.4
群馬県	1259	73	5.8
東京都	1731	283	16.3
新潟県	4966	167	3.4
兵庫県	4175	186	4.5
島根県	1243	15	1.2
徳島県	1345	4	0.3
佐賀県	1143	14	1.2

文献（26）による

比較的遅い。小さな社や他の神社に合祀されている小祠もふくめれば、もっと多いだろう。直江(36)によれば、徳島市南西部に接する佐那河内村の屋敷神には、権現様とともに稲荷が多い。また、タヌキ巡視のさいに私が偶見した稲荷社だけでも、徳島市勢見町忌部神社前、吉野本町八幡神社境内などいくつかある。しかし他地方においても、小さな稲荷祠数は大きな稲荷神社数に比例すると思われるから、比較値はやはり表11とおなじようになるはずである。

徳島県にはこのように稲荷神社・稲荷祠が希薄だったが、近世後期に入ると本項のはじめに記したとおり、宗教者も住民も稲荷的な流行神を必要とするようになる。そのときキツネに代わる霊的動物は、タヌキ以外ではあり得なかった。

タヌキ憑きとイヌ憑き

タヌキ俗信は、山間部では、町場の流行神信仰といくぶん色合いの違う側面を示す。四国は著名な憑きもの筋地帯である。徳島県においてはそれは比較的希薄であるが、南西に隣る高知県には、イヌ神・キツネ・トウビョウの憑きもの筋俗信が多い(7)。他家の人に動物を憑かせる家系は、憑きもの筋とよばれる。このような異様な俗信がなぜ特定の地域に定着したのか、あまりわかっていない。近世中期にはじまった経済的変動が、閉鎖的な村落にもたらした家系間の緊張に関係があるようだ。たとえば、村落のある構成員が、小松島の大和屋のように突然豊かになった場合、閉鎖的な村落の人びとは、イヌ神が使役されていると判断することもあった。

徳島県南西部の東祖谷村および木頭村に接し、四国山地の反対側に位置するのは、小松和彦(20)が調査したイザナギ流陰陽道の本場＝高知県物部村である。小松によれば、この宗教は陰陽道を中核とし、修験道や巫女信仰を吸収して成立した。祈祷師のおこなう調伏の対象となる霊のなかでは、イヌ神・サル神の占める比重が大きい。四国山地から北に降りると剣山修験のタヌキ憑き地帯が広がり、南側に行くとイヌ神筋の呪詛俗信の地域に入る。

タヌキ憑きには家筋は認められない。タヌキの浮遊性とイヌ神の定着性の対照は、興味ふかい。しかし高知県に接する徳島県山間部には、イヌ神筋もいくらか浸透しており、タヌキ憑きも、部分的にはイヌ神憑き俗信などの素地のうえに展開したという仮説も成り立つ。「昔は大夫さんが土佐から来て、イヌ神憑きやタヌキ憑きを落としていた」という話が一九七〇年代にも、東祖谷村阿佐において採録されている(3)。大夫とは、イザナギ流では祈祷師を意味する。「昔」とはいつごろかが問題だが、おそらく一九二〇〜三〇年代あたりだろう。

タヌキ祠の祭祀形態・神体およびご利益

タヌキ祠の祭祀の仕組みについては、今のところ十分な調査はなされていないようだ。寺社境内にあるタヌキ祠を対象にして、私がわずかの聴き取りをこころみた結果によれば、多くのばあい寺社と一応独立に信者の団体＝奉賛会が形成され、彼らによって祠の維持・運営・祭祀がなされている。これに寺院の住職、神社の神職が関与する度合いは一様ではない。

徳島市津田西町八幡神社の楠大明神（お六）の管理・運営・祈祷はすべて信者団体に任せられている。下助任町興源寺（臨済宗）のお染祠も同様である。南佐古臨江寺（臨済宗）のお松祠もほぼおなじであり、信者が自主的に毎月三〇日にお籠もりをおこない、当番のものが般若心経を読む。ただし臨江寺住職も、一年に一度の夏祭りにおいては祈祷を担当する。勢見町金比羅神社は、境内のお四つ・お六つ祠の管理はしているが、祈祷にはいっさい関与しない。

楠大明神などのシステムと対極的な方式の例を一つ示す。小松島市日開野藤樹寺（真言宗）の境内には、大鷹・小鷹・熊鷹の三匹のタヌキが祠に祀られている。この寺は檀家を持たない祈祷寺であるせいか、タヌキ祠の奉賛会会員は、同時に藤樹寺の信者を兼ねており、祠の管理・運営は全面的に寺で受け持つ。おもな行事は、一年に一度の般若心経読経と大祓。

寺社の土地を借りずに街角・道端に祀られるタヌキ祠も、信者の自主的組織によって守られているのだろう。徳島市南新町の路傍にある松平大明神の祠は、かつては隣の歌舞伎座の役者の信仰を集め、彼らが管理をしていたが、今では町内で管理運営をおこなっている。祈祷は伊賀町八幡神社の神主に依頼する。

以上見たように、おおむねタヌキ祠の管理はかなりルーズであり、関西の稲荷祭祀においてよくみられるオダイサンのような専業の祈祷師が主催する例(46)は存在しない。ご神体も正統的な稲荷にくらべれば粗末である。妙長寺のお睦のようにダキニ天に近いケースは例外といえよう。神体の種類は雑多であり、先に述べた阿波町の鎮十郎のご神体は石、興源寺お染のご神体は陶器のタヌキ像、藤樹寺大鷹などのご神体は住職が自ら刻んだ木彫のタヌキ像、南新町松平大明神の場合はその名を書いた木札である。しらべた範囲でもっとも念のいったご神体は、臨江寺お松の祠であった。籠り堂の外にある祠には、荒い岩をおよそタヌキの形につくろい、これに目鼻をつけたご神体が鎮座している。それと別に、籠り堂の内部に御幣が付いた鏡がご神体として安置される。ご神体が種々雑多であり、たいていは粗末である事実は、タヌキ信仰の由来がしばしば民間雑信仰との習合にあったことを考慮すれば納得しやすい。

ようするに、徳島のタヌキ祠は稲荷の代替物ではあるが、大きな稲荷神社に代わり得るものではない。その裏山などに群がるお塚や小祠の代替物である。したがってタヌキ祠は、正確には樹・山・野・巷などの神と習合しつつ、稲荷祠の代替の役割をも担ったというべきだろう。

さいごに、タヌキ祠信仰に託した人びとの願いを見ておきたい(表12)。記載時期によって願いごとは異なるが、無病息災はいつも変わらぬもっとも切実な願いごとであった。徳島市内のタヌキ祠には、本州の稲荷とおなじく、商売、なかでも流通・娯楽業の繁盛が託されたことがわかる。入試合格と交通安全は、戦後経済の発展にともない、とくにクローズアップされた関心事である。この二つは、全国各地域・諸派寺社に共通のキャッチフレーズであり、タヌキ祠に特殊なものではない。

表 12-2　タヌキ祠のご利益（2）

名称	所在地	ご利益	
		1920 年代記載	1970 ～ 80 年代記載
お陸	徳島市寺町	商売とくに株屋・相場師・水商売繁盛、海上安全、入試合格、良縁成就	商売繁盛、入試合格、交通安全
不明	徳島市徳島町場内		歯痛平癒
楠	徳島市西津田町		商売繁盛、入試合格、交通安全、家内円満
不明	徳島市福島	病気平癒その他	
勇	徳島市南佐古		勝負事成功、入試合格
栄	徳島市南佐古		良縁成就
お船戸	徳島市南佐古		家相・方位の吉
お松	徳島市南佐古		商売繁盛、良縁成就
猿田彦	徳島市南佐古		商売繁盛、交通安全
どか	徳島市南佐古		子供無事、入試合格
松広	徳島市南佐古		商売繁盛
四輪	徳島市南庄町		商売とくに水商売繁盛、家運隆盛
松平	徳島市南新町		商売繁盛
お笠	徳島市南大工町		商売繁盛、性病平癒
お楠	徳島市南出来島町		商売とくに鉄工・製材業繁栄
伊助	徳島市明神町		入試合格、交通安全、家内円満、子供無事、無病息災
楠	徳島市明神町		家運隆盛
九郎兵衛	徳島市明神町		火災防除、盗難防除
三太郎	徳島市吉野本町		商売繁盛、学力向上、家内円満
九郎右衛門	鳴門市撫養町立岩	病気とくに咳の平癒	

文献（4）（13）（18）（48）による

表 12-1　タヌキ祠のご利益（1）

名称	所在地	ご利益	
		1920 年代記載	1970 ～ 80 年代記載
楠	池田町中西	徴兵よけ、弾丸よけ	
為左衛門	貞光町太田	歯痛平癒その他	
お芳	徳島市秋田町		商売とくに人気商売繁盛
お岩	徳島市伊賀町		商売とくに水商売繁盛
八兵衛	徳島市伊賀町		子供無事、学力向上、歯痛平癒
ほうろく	徳島市伊賀町		交通安全
お八重	徳島市大道		病気平癒、商売繁盛、災難防除
隠元	徳島市北沖洲		大漁豊漁
八陣	徳島市北佐古		失物出現
芋の宮	徳島市北田宮		子供無事、交通安全
守	徳島市佐古		商売とくに水商売繁盛
お染	徳島市下助任町		入試合格、良縁成就、事業繁栄
九人	徳島市新町橋		商売繁盛、入試合格
おふなた	徳島市住吉	子宝誕生	
お四	徳島市勢見町		水商売繁盛、失物出現
傷寒坊	徳島市鷹匠町		流行病退散
新居守	徳島市滝見橋	疱瘡平癒、水商売繁盛	
お亀	徳島市津田町		商売とくに水商売繁昌
お六	徳島市出来島本町		交通安全、家内円満

注目に値するのは、山村部における徴兵避けの効験であろう。戦前にこの種のご利益が公然と記されたのは、驚くべきことである。これを記載した笠井の著書[13]は、昭和二（一九二七）年の発行だから、大正リベラリズムの余力が残存していたのだろう。日清（一八九四～五年）・日露（一九〇四～五年）両戦争の前後から流行したという推測もあり得る。しかし明治初期にすでに、徴兵忌避のご利益が発効していた可能性が大きい。明治六（一八七三）年に実施された徴兵令にもとづく兵役負担は、けっして四民平等ではなかった。官吏・上級学校進学者・それ

に代人料納入者には兵役は免除され、貧しいもののみに課せられる仕組みになっていた。そのうえ、太政官告諭中の文言にたいする誤解も重なり、徴兵令反対一揆が発生した。この一揆の戦いがもっとも激甚だったのは、岡山県美作地方だったらしい。ここから四国に一揆が波及する。香川県西部の観音寺・流岡両村（現観音寺市）に発した村民蜂起の記録が残っている(31)が、ここからすぐ南の徳島県三好郡西部に飛び火したようだ。石田園坡(6)によれば、徳島県では、山城谷村（現山城町）・三縄村（現池田町）の一揆の力が強かった。

この一揆の中心部において、徴兵避けの信仰がおこなわれていた。美作から瀬戸内海に出る途次の、岡山県新見市宝福寺、井原市日照寺は、兵役逃れの山伏寺として知られていた(41)。ところが徳島に入ると、徴兵逃れの願をかける頼りは、山伏寺からタヌキ祠へと変わる。笠井によれば、阿波の著名な徴兵避けタヌキ祠は、池田町中西の楠神社であった。これは旧三縄村に属し、旧山城谷村村境の近くに位置する。以上の諸事実は、修験とタヌキの連絡、それに徴兵令反対一揆と修験・タヌキとの連絡を、ともに示唆する。

なお美馬町谷口の松兵衛、脇町岩倉別所の楠藤兵衛、一宇村久藪のお夏など、日清・日露両戦争で活躍し、あるいは戦死したと伝えられるタヌキがいた。彼らは、うまいぐあいに従軍せずにすんだ人びとの身代わりだったのかも知れない。

タヌキ信仰の輸出　阿波から大阪へ

関東においては、タヌキ小祠が稲荷の代替物になることはほとんどないが、関西においては、稲荷と称する小祠にタヌキを祀る例がいくらか見られる。鬼内仙次(16)は、大阪府下の稲荷祠のうち一割はタヌキを祀ると言う。大阪平野においても、キツネはほとんど絶滅してしまった。タヌキも減ったが、キツネに比べれば残存数は多い。そのせいで稲荷からキツネが去り、タヌキが入ったのだろうか。しかし本州でキツネが絶滅した地域は、大阪平野にかぎらない。関東平野の大部分にもキツネは棲息しない。そしてタヌキを祀る祠も稀に知られている(37)が、そのうち一つは上野東照宮栄誉権現である。これが蜂須賀家でまず祀られたという伝承も、興味を引く。ともかくも、東京で稲荷祠の一割がタヌキを祀るなどということはとうていあり得ない。つまりキツネの希少または絶滅は、タヌキ信仰の成立の必要条件ではあっても十分条件ではない。

大阪をはじめ関西のタヌキ稲荷祠の少なくとも一部は、徳島のタヌキ信仰が本州に上陸浸透し、稲荷祠の名を負った結果かも知れない。大森恵子(10)によると、京都市北区不思議不動院にあるおくろさんと称する稲荷は、四国のタヌキ神を勧請祭祀したものである。兵庫県洲本市（淡路）の芝右衛門大明神は、徳島のタヌキ神と密接な関係を持つ。近世には淡路は阿波とともに蜂須賀領であった。また芝右衛門タヌキが淡路から阿波にやってきて、タヌキ合戦に参加したという伝承も残っている(18)。また大阪市中央区の八兵衛は、淡路から勧請された芝右衛門の分霊だという説もある。また鬼内によれば、大阪市西区新町・阿波座一帯は、タヌキの伝承の密集地帯でもある。そしてこの地域は、阿波の藍商人がさかんに進出した地域であった(49)(53)。金長タヌキ信仰をはじめた大和屋も、藍染屋である。この種のタヌキ伝承・タヌキ信仰は、阿波藍商人をつうじてたちまち大阪にも入ってきただろう。

小西潤子(19)の調査によって知り得た大阪の著名なタヌキ祠の旧位置をつなぐと、図14のように大阪市をほぼ南北に走る線が見えてくる。祭祀には無関係だが、かつてタヌキがお能の真似をした(9)という旧博物場も、おなじ線上にある。この線は上町断層とほぼ一致し、崖や急な坂を形成するので、地勢的にこの線上には住宅・店舗は発展しにくい(17)。明治一八年測量の「陸測地図」(27)は、この地帯に住宅・店舗の空白があり、その代わりに神社・寺院・林・空地が多いことを示す。現在でも、扇町公園・天満天神・北大江公園・中大江公園・南大江公園・高津宮・生国魂神社・四天王寺・天王寺公園が南北に連なり緑を残す。近世末期・明治期においては、この崖・坂地帯は、タヌキ生息の格好の適地だったのではないか。

現在の西区あたりにまず入りこんだタヌキ信仰は、放散的に広がろうとしたが、東方に向かったものは、タヌキが生息しその姿が人目につきやすい上記の崖・坂地帯において定着しやすかったと思われる。

かりに関西のタヌキ稲荷祠が四国からの輸入であるならば、その祭祀開始期についても、阿波由来の仮説と矛盾があってはならない。すでに明らかにしたように、一八世紀の終わりごろの阿波においては、タヌキ信仰が地蔵や古墓霊にたいする信仰と習合していた。さらに一九世紀後半になると、古社・鎮守社内の祠、藪神の祠、古墓の祠がタヌキの祠とみなされるようになる。他方、関西のタヌキ

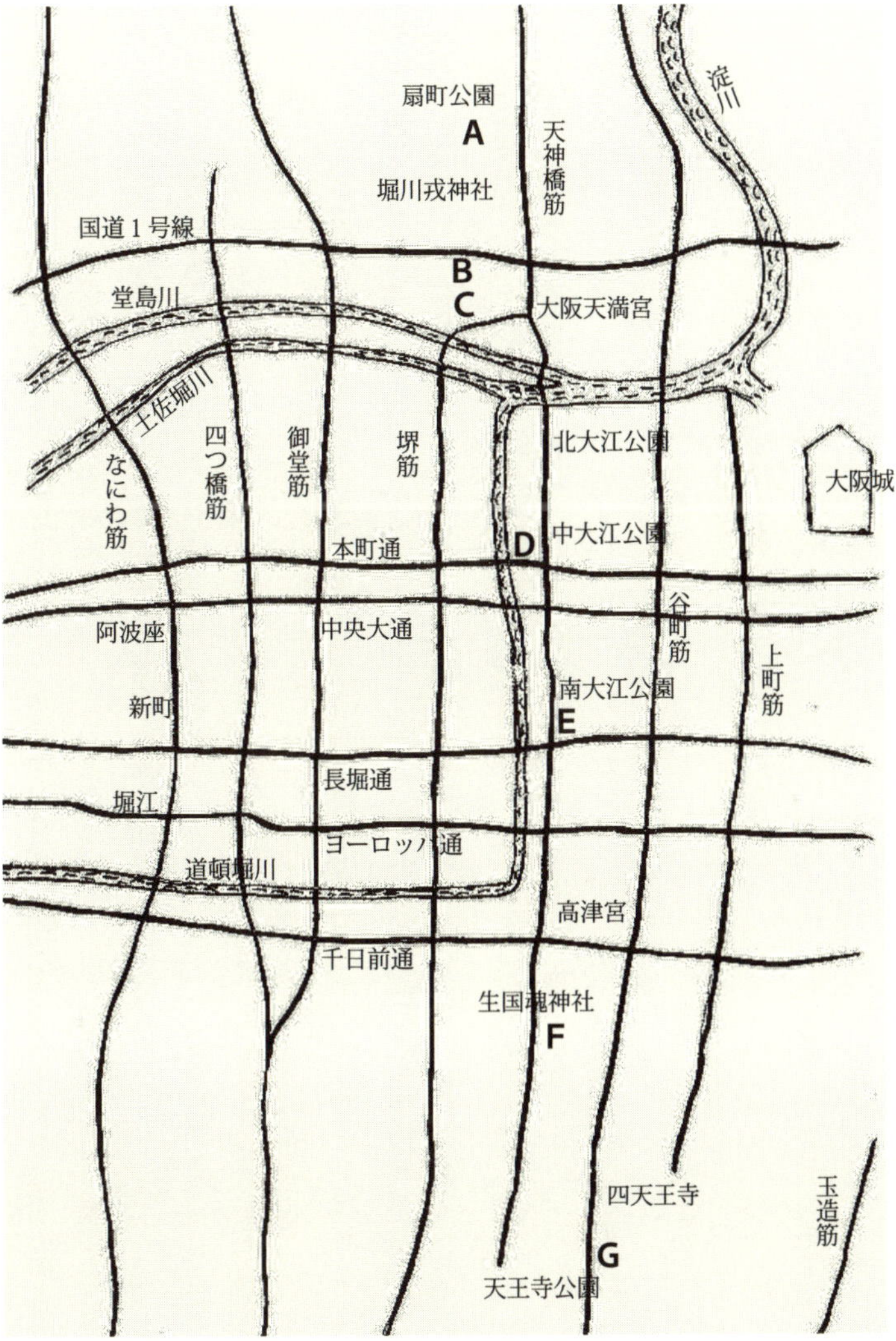

図 14　大阪市におけるタヌキ祠・タヌキ伝承地の分布　A：榎木神社　B：玉姫稲荷　C：お吉稲荷　D：旧博物場　E：狸坂大明神　F：源九郎稲荷　G：初姫大明神

稲荷の始まった時期はほとんど確定できない。多くの場合、祭祀伝承は大正または明治期までしかさかのぼることができない。ただ大森によると、大阪市福島区の源吉大明神は、近世末にすでに存在したという伝承がある。いずれにせよ、阿波タヌキの流入説とは矛盾はしない。

大森があげた大阪府・京都府・兵庫県・滋賀県および奈良の合計一五社のタヌキ神稲荷の一覧表、および小西による大阪市のタヌキ祠（その多くは稲荷）の調査結果を見て、注目される点が他にもいくつかある。

第一は、樹霊信仰との関連である。大阪市北区西天満の榎木神社は、ダンジリ吉兵衛とよぶタヌキを祀るが、古くは堀川の堀留の榎の木の下にあった(8)。天王寺区大道の初姫大明神は、かつて栴檀（一説によると楠）の木の下に祀られていた。大阪市中央区神崎町の狸坂大明神も、樹種不明だがやはり大木の下にあった(19)。大阪においても、徳島県の場合とおなじように樹霊信仰とタヌキ祭祀が習合したようだ。タヌキを祀る祠は、キツネの稲荷祠にくらべるといっそう樹霊信仰との縁が深い。タヌキはキツネと異なり、自分で巣穴を掘ることができないので、大木の洞に住みつきやすい。またキツネは樹上に登る能力をもたないが、タヌキは木に登る。樹霊とタヌキのえにしは、ここに由来するのだろう。

第二は、稲荷または祭神の数字名称である。大森調査では、八の字がつくタヌキ神が五例にたっする。すなわち京都市東山区の八王大神と八丸大神、大阪市中央区の八兵衛大明神、同市天王寺区の源八大明神、奈良県田原本町の豆八大明神。これに小西が調べた大阪市天王寺区生玉町の八兵衛。おなじく小西調査の初姫大明神(タヌキ名はお初)もまた、八からの転訛かも知れない。先述のとおり関西・中部では、タヌキを八とよぶ習慣がある(50)(54)。これが関西のタヌキ稲荷の名称に関連していないだろうか。そしてそれは、徳島県のタヌキ名に六・八がつく傾向に対応しているのではないか。ちなみに、滋賀県草津市のげんろく大神も六と関係がないとは言いきれない。

関西では、タヌキをクロさんと称する習慣(5)がある。これが一部の稲荷タヌキの名と因縁があるだろう。京都市北区のおくろさん(大森調査)、大阪市天王寺区生玉町の稲荷社名＝源九郎稲荷(小西調査)はこの俗称に対応する。クロの名は、キツネと対比したタヌキの体色に由来するのだろうが、六とのつながりを暗示している可能性も否定できない。あるいは徳島のタヌキ名の九郎系、およびいちぶの六系にも影響を与えているかも知れない。

第三に、大阪のタヌキ祠のご神体はどうなっているだろうか。徳島のタヌキ祠のご神体が雑多であり、おおむね粗末であると指摘したが、おなじことは関西のタヌキ稲荷についても言える。関西でタヌキを祀る稲荷のご神体は、石塚・タヌキ像・木札・紙札・鏡・御幣のいずれかである(10)。これは、徳島のタヌキ祠のご神体とほぼ一致する。

謝辞

本稿を草するにあたり、つぎの方がたのお世話になった。心から感謝の意を表わしたい。

近江晴子・沖高明・熊井久雄・小西潤子・小松君代・清水啓介・近松克仁・津江正孝・羽山和房・林秀剛・坂東悊夫・宝来正彦・森葉津子・山本光代の各氏。

とくに徳島県および大阪のタヌキ祠調査にあたり、案内・協力を賜わった小松・近松両氏（徳島県）、小西氏（大阪）のご厚意は、たいへんありがたかった。さらに大阪関係の文献のほとんどは、小西氏の提供によるものである。また私の無遠慮な質問にたいし、多くの寺院のご住職、神社のご神職の方からご親切なお答を賜わった。謹んでお礼を申しあげる。

注

光宗著の『渓嵐拾葉集』巻六八（一三三一年奥書）には、「百里の国には辰狐頭をもって本尊となす。百里に足らざる国は、あるいは白犬、あるいは狸頭なり。すなわち四国は百里に足らず。故に犬頭あるいは狸頭をもって本尊となす」とある。もしがんらいの『渓嵐拾葉集』にこのように書かれていたのならば、一四世紀前半の四国に、すでにイヌ神信仰およびタヌキ信仰がおこなわれていたことになる。そして、これを否定する根拠はない。ただ一つ気になるのは、『渓嵐拾葉集』は、長らくいくつかの部分に離散し、現在見られる本は、元禄のころ覚深がそれらを収集・編集したものである(33)。原本の成立と覚深の編集のあいだの時期に、付加や変更があったかも知れない。

文献

(1)浅川泰敬：ご教示　一九九七年
(2)荒岡一夫：「徳島の民俗神」石躍胤央他編『徳島の研究』第六巻　清文堂出版　一九八二年　七五〜二一四
(3)飯原一夫：『阿波の狸』教育出版センター　一九七五年
(4)飯原一夫：『阿波の狸』徳島新聞社　一九七八年
(5)石井常彦：それや(二〇)『大阪手帖』七巻五号　一九六二年　一九〜二一
(6)石田園坡：『阿波近古史談』徳島県出版協会　一九七三年(初出は一九二三年)
(7)石塚尊俊：『日本の憑きもの』未来社　一九七二年
(8)戎神社社務所：『堀川戎神社誌』堀川戎神社　一九六四年
(9)近江晴子：ご教示　一九九七年
(10)大森恵子：『稲荷信仰と宗教民俗』岩田書院　一九九四年
(11)岡島隆夫：『神奈備(続)』岡島隆夫　一九九四年
(12)笠井新也：『阿波伝説物語』発行者不明　一九一一年
(13)笠井新也：『阿波の狸の話』郷土研究社　一九二七年

(14)金沢治：『日本の民俗　徳島』第一法規出版　一九七四年
(15)神崎充晴：ご教示　一九九七年
(16)鬼内仙次：『大阪動物誌』牧羊社　一九六五年
(17)熊井久雄：ご教示　一九九八年
(18)後藤捷一：「阿波に於ける狸伝説十八則」『民族と歴史』第八巻一号　一九二二年　二八一～二九二
(19)小西潤子：未発表（一九九七年調査）
(20)小松和彦：『憑霊信仰論』伝統と現代社　一九八二年
(21)五来重監修：『稲荷信仰の研究』山陽新聞社　一九八五年
(22)佐々心山：『お松大権現御由緒』阿瀬川龍石　一九五四年
(23)佐藤泰伸：『御睦さま御縁起』妙長寺御睦殿　発行年不明
(24)松樹：『古狸金長義勇珍説席』徳島県立図書館蔵
(25)関敬吾：『日本昔話集成』第二部本格昔話3　角川書店　一九五五年
(26)全国神社名鑑刊行会：『全国神社名鑑』上・下　史学センター　一九七七年
(27)大日本帝国参謀本部陸軍部測量局：「大阪」一八八五年測量　一八八七年製版
(28)田中善隆：「剣山信仰の成立と展開」宮家準編『大山・石鎚と西国修験道』名著出版　一九七九年
三三〇～三四三
(29)田中善隆：「阿波の霊山と修験道」同書　三四四～三六七

(30)田辺悟：『日本蜑人伝統の研究』　法政大学出版局　一九九〇年
(31)土屋喬雄・小野道雄編：『明治初年農民騒擾録』　南北書院　一九三一年
(32)都築梅太郎：「民俗」　阿波町史編纂委員会編纂『阿波町史』　阿波町　一九七九年　一一〇九〜一一三七
(33)禿氏祐祥：鳥羽僧正覚猷の戯画に関する一史料『国華』五〇四　三〇三〜三〇八
(34)徳島史学会編：『とくしま歴史散歩』　徳島県出版文化協会　一九七二年
(35)富田狸通：『たぬきざんまい』　狸のれん　一九六三年
(36)直江広治：稲荷信仰普及の民俗的基盤　直江編『稲荷信仰』　雄山閣　一九八三年　一一三〜一三三
(37)長沢俊明：『江戸東京の庶民信仰』　三弥井書店　一九六六年
(38)中田幸平：『日本の児童遊戯』　社会思想社　一九七〇年
(39)中村禎里：『日本人の動物観』　海鳴社　一九八四年（ビイング・ネット・プレス　二〇〇六年再刊）
(40)中村禎里：『狸とその世界』　朝日新聞社　一九九〇年
(41)中山薫：山陽道の山伏寺　宮家準編『大山・石鎚と西国修験道』　名著出版　一九七九年　一九九〜二二九
(42)日本野生生物研究センター：同センター資料（一九七九年調査実施）　発行年不明
(43)沼義昭：『観音信仰研究』　佼正出版社　一九九〇年
(44)羽山和房：ご教示　一九九七年

(45)藤原憲：『阿波志』国会図書館蔵
(46)プッシイ、アンヌ・マリ：稲荷信仰と巫覡　五来監修前掲書　一七一～三〇五
(47)ふるさとカーニバル実行委員会：『阿波の狸まつり祠オリエンテーリング』　同委員会　一九八〇年
(48)ふるさとカーニバル実行委員会事務局：『阿波の狸まつり祠あんない』　同事務局　発行年不明
(49)牧村史陽：『大阪ことば事典』　講談社　一九八四年
(50)松山義雄：『続々狩りの語部』　法政大学出版局　一九七八年
(51)宮家準：『修験道と日本宗教』　春秋社　一九九六年
(52)宮田登：稲荷信仰の浸透と民衆　直江編　前掲書　一三七～一五〇（初出は一九七六年）
(53)宮本又次：堀江とところどころ　宮本編『上方の研究』　清文堂　一九七七年　三五七～四一八
(54)柳田国男：「狸とムジナ」『定本柳田国男集』第二二巻　筑摩書房　一九七〇年（初出は一九四八年）
四七四～四八一
(55)大和武生：「剣山と阿波の山岳伝承」　五来重編『修験道の伝承文化』　名著出版　一九八一年　五〇五
～五二一
(56)湯浅良幸：「村と信仰」　金沢治他『四国の民間信仰』　明玄書房　一九七三年　一四～二五
(57)横井希純：『阿州奇事雑話』　阿波郷土研究会　一九三六年

佐渡　タヌキの旅

津村正恭の『譚海』（一七九五年）巻一に、つぎのような記述がある。佐渡の二つの岩の金山に住み、団三郎と称するムジナが日雇に化けて金山でかせぎ、富豪になった。滝沢馬琴の『燕石雑志』（一八一一年）巻五にも、団三郎にかんする記録が収められている。こちらのほうの弾《ママ》三郎は、金貸しを営んでいたらしい。佐渡相川の石井文吉が描いた二つの岩の現場および弾三郎タヌキの図（図15）が掲載されている点でも、『燕石雑志』は貴重である。

面倒ながらここでムジナとタヌキの関係について説明しておこう。結論だけいうと、近世以降において、ムジナは主として東日本、タヌキは主として西日本に分布する方言であり、いずれも動物学標準和名のタヌキ・アナグマの一方または両方を指す。ただし時代がくだるにつれて、東日本においてもタヌキがムジナを圧倒していった。したがって近世後半の江戸では、タヌキ・ムジナの両者が併用

図15　弾三郎狸『燕石雑志』（1811年刊）巻5
動物学名のアナグマに相当する。

されていたであろう。もちろん正恭がいうムジナと、馬琴が記したタヌキは同一の範疇でなければならない。以下煩雑をさけるため、とくべつの理由がないかぎりタヌキ・ムジナの類をタヌキともムジナとも、自由に表記する。

この数年間、タヌキが私にとり憑いてはなれない。なぜタヌキが、とよくきかれるが、一つは動物学でいうタヌキが東アジア特産の、しかもイヌ科の動物としてはきわめて原始的な形態をたもつ哺乳類だからである。したがって日本に居ついている私は、タヌキをしらべる立地条件にめぐまれていることになるだろう。第二に、じつは狸と書かれ、たぬきとよばれる動物の正体は、近世初期にいたるまで明らかでない。その輪郭が見えてくる過程は日本人の心の歴史の一端を示唆する、と私は予期した。こういうわけで拙著『日本人の動物観』(海鳴社、一九八四年)を書きおえたとき、つぎの仕事はタヌキの歴史民俗だ、と標的を定めた。

私が佐渡への旅をくわだてたのは、このようなわけであった。ただし歴史民俗学の専門家ではないから、調査旅行というほど立派なものではない。団三郎の誘いにのった浮かれ旅である。

一九八八年五月二九日、一一時新潟発のジェットホイルに乗ると、正午には両津港に着く。ここからタクシーでまず、加茂湖南端の高台にある湖鏡庵を訪れた。さきほどは書き忘れたが、二つ岩団三郎配下のタヌキが佐渡各地に割拠しており、なかでも湖鏡庵の財喜坊、関の左武徒、東光寺の禅達などが有名である。そこで最初に、相川の宿に行く途次の曹洞宗湖鏡庵で、タヌキどものようすを探ろうと考えたのだ。

湖鏡庵の住職さんはあいにくお留守で、そのかわり奥さんからこの寺の境内に祀る財喜坊の話を聴くことができた。奥さんの説明によれば、財喜坊は二つ岩団三郎の従兄弟である。財喜坊はタヌキであるが、当地ではタヌキのことをムジナまたはトンチボーとよぶ。湖鏡庵は高台のうえにあるので、住職は石段を登り降りしなければならない。先住のときには、財喜坊がしばしば石段の道案内をひきうけてくれたそうである。けれどもこのタヌキは寺のお使い役ではなく、あくまでも財喜坊とよぶ神様だ、というのが奥さんの意見であった。タクシーは石段わきの車道から入ったので、奥さんの話を聴きおえたのち、あらためて石段を降りていくと、中途に財喜坊を祀った小さな祠があった。祠の前には、天明・寛政（一七八一～一八〇一年）のころの念仏供養塔が立っていた。

さてタクシーにもどり、二つ岩をめざす。東海岸から西海岸までだから、かなりの距離である。相川の街にはいる少しまえ、右手の山道を登る。ややあって運転手さんが「ここから先は車は無理ですよ」というので、息をきらしながら小径を駆けあがること約二〇分、やっと『二つ岩大明神』（別名、二岩神社・二つ岩厳王大善神）の立札が見えた。入口の鳥居は赤塗りだが、これをくぐるとあとはほとんど白木の鳥居がメノコ算で四百くらいぎっしりとつまって並んでいる。この白い鳥居のトンネルは、ただちに稲荷の赤い鳥居のトンネルを連想させずにはおかない。伏見の稲荷大社をはじめ大きな稲荷神社においては、参道に赤い鳥居が密集し、参詣する人びとは朱色の隧道のなかを歩く心地になる。

稲荷はキツネを神使とするが、もともと東日本には古くからキツネ神信仰がおこなわれていた。これが西からながれてきた流行神稲荷の名を負うことによって、稲荷は東漸に成功したようである。ところが佐渡にはキツネは生息しない。推測するに、流浪の行者が本州から佐渡に渡ったとき、キツネなき里のタヌキを稲荷的な神に祀ったのではないか。白い鳥居の密集行列には、タヌキ信仰とキツネ信仰とが根本において同一であることを確認しながら、なおかつタヌキがキツネと異なる所以をも留保しようとした行者の立場が、じつに見事に表現されている。

話はさておき、白い鳥居のトンネルをくぐり先へ進むと、鳥居がはてた奥の岩地に祈祷所があった。現在は無住である。堂内の壇には、けばけばしい原色の幕や布端などが所せましとばかり垂れさがっており、これはやはり稲荷の雰囲気であった。入口にひきかえし、あらためて立札を読むと、この堂はかつて山伏の祈祷所だったと書かれていた。

湖鏡庵の財喜坊を思い返すと、あのタヌキ神の祠のまえにも、まばらながら白い鳥居がいくつか並んでいた。あるいはこういうことだったのではないか。つまり神仏分離以前、湖鏡庵に行者が付属していた。この行者が財喜坊を祀っていた。ちなみに現在でも湖鏡庵は、「財喜坊真天・家業繁盛交通安全」のお札をだしている。

二九日には、ほかのタヌキ神様を訪れる時間的余裕がなくなってしまった。翌三〇日は、朝からバスで関の寒戸神社（別名、左武徒大明神・大杉神社）にむかう。相川から左に外海の景観を眺めながら北へ走ることほぼ一時間半、停車場を降りて左手、海をのぞむ方向に「左武徒大明神」と刻まれた石標が立っている。そしてここから二つ岩とおなじく、白い鳥居の行列が続く。ただし朽ちかけているものも多く、まばらで、二つ岩大明神にくらべると、こちらの大明神はやや落魄の印象をあたえる。
鳥居をくぐりぬけた先には、やはり祈祷所があった。二つ岩で経験ずみなので無住と予断し、遠慮なくがらりと戸をあけると、なんと狭いござ敷きの床の上に、白髪痩身の行者さんがテレビを見ていた。

中「やっ、失礼しました。行者さんですか」

行「そうじゃ。わしは木曾で修業して佐渡にきた。はじめは二つ岩におったが、神のお告げがあって寒戸崎に移ってきた」

中「お忙しいところ申しわけありませんが、少しお話をうかがわせてください」

行「いいよ」

こうして行者さんは、テレビから目をはなしておもむろに私のほうに向きなおり、質問に答えてくれた。以下は問答の要約。

中「この神社はなにを祀っているのか」

行「祭壇にはムジナの顎が祀ってある。社の裏の大岩と松がご神体である。社の前の杉もご神体といわれている」

中「どんなご利益があるのか」
行「行者は信者の願いごとについて、なんでも祈願する。両部であるから経も祝詞も読む。念仏もとなえる。近くは漁村であるため、大漁の祈りの依頼が多い」
中「ところでムジナも神様か」
行「ここのムジナは二つ岩からお嫁にきた、といわれている。左武徒大明神とよばれ、お札もだしている。佐渡のムジナ信仰は、本州の稲荷に相当する」
中「ムジナとはどのような動物か。タヌキのことか」
行「ムジナは境内に多く住んでいて、よくやってくる。油揚げと酒を好む。大きさは二尺五、六寸。タヌキとちがって顔はまるくない。顔の先がとがっていて、ブタに似ている。毛は茶色。キュー・キャーなく。岩のうえを跳ぶように移動する」

行者さんとの対話で、いくつかの推定が可能になった。第一に、佐渡に渡ってきた行者が稲荷信仰の代替としてタヌキ信仰を流布した、という私見は、行者さん自身の説明と一致した。第二に、寒戸神社には新旧いくつかの信仰が重層しているらしい。海岸の巨石信仰、樹霊信仰およびタヌキ信仰である。おそらくタヌキ信仰がいちばん新しい。そしてタヌキ信仰の要素は、直接には二つ岩から流れてきたようである。二つ岩の巫女が、ここに移ってきたのかも知れない。第三に、行者さんがいうムジナは、形態学的にはどちらかといえば動物学のタヌキよりアナグマに近い。『燕石雑志』に図示された動物が、あきらかにアナグマであったことも思いあわされる。

中「佐渡には、二つ岩やここ以外にもムジナを祀った神社・寺院がずいぶん多いのか」

行「百以上もある。いま佐渡ムジナ番付けを作成中である」

行者さんは、よれよれの和紙に墨で書きこんだ番付けを、大切そうに取りだして見せてくれた。喉から手がでるほど欲しかったが、「ください」とはとても言えない。あきらめて行者さんのもとを辞した。

バス停に来てみると、次発までは二時間もまがある。外海府を歩きながら、適当な停車場でバスにおちあうことにした。ながい歳月、潮に洗われてさまざまに変形した粗い岩が、海中に点在している。そのあいまの数少ない砂浜に、小さな漁船がつながれていた。佐渡は金山と流人の島であるだけでなく、漁業の島でもあった。佐渡の信仰の一半は、この面からも見なければならない。

つぎは赤泊の東光寺である。やっとバスにめぐりあい、相川で本線に乗りかえて佐和田に着く。時刻表をしらべると、バスで東光寺まで往復する時間的余裕がないことがわかった。しかたなくタクシーに乗る。真野をへて赤泊線を走り、赤泊のすぐ手前にある目的の寺に到着した。

東光寺には、さいわいにして住職さんが在宅であった。そこで住職さんから寺の縁起とムジナの話を聴いた。この寺は曹洞宗にぞくし、本山は永平寺および鶴見総持寺である。総持寺は以前能登にあり、そこの源翁和尚が一三八二年にこの寺を開基した。そのさい源翁和尚は、九州出身の巡札＝玄達をともなってきた。ところでこの寺の境内にムジナの禅達の祠がある。さまざまな人がこの祠に祈願に来るが、東光寺は直接には関与しない。ただし祠堂を造ったのは東光寺だし、お供えものの始末なども寺がひきうけている。

ムジナの禅達については、つぎのような伝説がのこっている。近くに住んでいた禅達は、東光寺でおこなわれている禅問答を聴いているうちに、これをおぼえてしまった。やがて住職の代が変るごとに、このムジナは新しい住職に問答をしかけ、答えがかんばしくないと新住職に退去をもとめ、答えがすぐれていれば命にかけて住職をまもった。伝説から判断すると、湖鏡庵のばあいとおなじく東光寺のムジナも、近隣に房をおき祈祷を業としていた行者・下級宗教者、または彼らが祀る神を意味していたのであろう。

説明を聴いたあと、住職さんに案内されて本堂とムジナの祠を見た。祠は寺の境内のはずれにあり、その奥は小さな岩穴につづき、祠の上は丘になっている。つまり岩穴の奥は丘の基部に位置するのだ。以前にはムジナの祠は丘の上にあったそうである。今はその丘の上には赤・白混交の鳥居がならび、ムジナの祠とはべつの小社が建てられている。祀ってあるのは、金毘羅・熊野・稲荷であった。上にかつてはムジナ今は稲荷、下に今はムジナ、それに上の鳥居は赤・白混交というとりあわせの含蓄は、絶妙ではないか。

さきほどの伝説を考えあわせると、ムジナの禅達の一面が本州から流れてきた修験者・下級宗教者であったことは、まちがいあるまい。ただし九州の巡礼＝玄達とムジナの禅達は音通であり、両者が無関係とも思われない。玄達イコール禅達だとすると、このムジナは館林茂林寺のタヌキともいくらか似てくるが、これについて深入りはやめておく。

さらにあと一つ注目すべき事実に気がついた。本堂正面欄間の彫刻のなかで、怪獣がいまにも跳躍しようとしている（図16）。顔はネコのようだが、尾は太く長い。私見によれば、これは比較的古い日本の知識人の狸イメージに近い。本堂は一六九七年建立だそうだが、問題の彫刻はそれよりも古い、というのが郷土史家の意見のようである。

図16　東光寺本堂欄間の怪獣

大勢の修験者が佐渡に入った理由のひとつは、金鉱の採掘と関係があるようだ。修験者がしばしば金掘師と兼ねていたことは、若尾五雄が『鬼伝説の研究』（大和書房、一九八一年）で熱心に指摘するところであった。『積翠閑話』（中村経年、一八四九年）巻三には、冬の寒い日々、常陸行方のある寺の炉端で暖をとらせてもらっていたタヌキが、老僧に礼するため佐渡にわたり金を持ち帰った、という話がある。二つ岩の団三郎が鉱夫に化けていたとする『譚海』の説を考えあわせると、タヌキ＝修験者・下級宗教者＝金掘師・鉱夫という脈絡が、おぼろげながら見えてくる。

両津の港に向かう途中、念のため運転手さんに「佐渡でムジナというのはどんな動物でしょうかねえ」と尋ねてみた。運転手さんは親切に、ムジナの剥製をもっている家があるから連れていく、と言う。剥製を見ると、まさしくそれは動物学標準和名のタヌキであった。寒戸神社の行者さんや『燕石雑志』が示すアナグマではない。ともあれ私は、剥製のタヌキを一万五千円で購入し、ジェットホイルに乗りこんだ。

さいごに、佐渡のタヌキにかんする私の意見をまとめておこう。近世にはいって金山採鉱がさかんになり佐渡が賑わうと、多くの修験者や行者などの下級宗教者がここに流入した。彼らは既存の寺社にむすびつき、または小さな祠堂を造って、祈祷を生業にしていたと思われる。なかには採鉱に直接関係していたものがいたかも知れない。金貸しとして成功したものもいなかったとは言えない。これらの人びとが、タヌキの観念の人間的基礎であった。

佐渡のムジナの動物学的正体が、タヌキであるかアナグマであるかについて、地元の人々の多くにとってはどうでもよかったのであろう。ようするにムジナとは、祈祷師たちの呪具または彼らが奉じる神であり、彼ら自身でもあったに違いない。

二つ岩の団三郎

相川町下戸の山に登る中途に、二つ岩権現があり、団三郎貉が祀られている。入口には赤い鳥居が立つが、これをくぐるとあとはほとんど白木の鳥居がメノコ算で三〇〇〜四〇〇くらいぎっしり詰まって並ぶ(図17)。この白い鳥居は、ただちに稲荷社の赤い鳥居のトンネルを連想させずにはおかない。一般に佐渡の貉祠において、鳥居の行列のありさまは稲荷のようでありながら、その色は赤でなくて白い。貉祠と稲荷祠の類似と相違を、見事に表現しているように思われる(12)。

二つ岩権現の鳥居の列の途中に奉納所と籠り堂が

図17　二つ岩権現の白木鳥居のトンネル

あり、鳥居が果てた奥の岩地にお堂が建つ。ここはかって修験者の祈祷所だった。堂内の祭壇には、けばけばしい原色の幕や布端などがところせましとばかり垂れさがっており、雰囲気はやはり稲荷に相似する。祭壇の正面下に一か所、側面下に二か所、岩穴が開く。一九八八年に訪れたときは動物の姿は見えなかったが、二〇〇二年に再訪したさいには岩穴から猫が出入りしていた。

では団三郎貉は、いかなる経過でいつごろ神に祀られたのだろうか。川路聖謨の『島根のすさみ』天保一一（一八四〇）年九月八日の条には二つ岩を訪れた記録があるが、祈祷所や祠があったとは書いてない。そのころはまだ、団三郎は神に祀られていなかったのだろうか。なお聖謨は、天保一一年六月から一二年五月まで佐渡奉行を勤めていた。佐渡の漢学者円山溟北の「二岩団三郎伝」（一八八二年ごろ記か）には

吾が土の二岩団三郎……出没変幻、愕く可く疑ふ可く推すに常理を以てす可からざる者、往々にして之あり。況や其の威を為し福を為す、亦頗る霊有る者に似たり。是を以て世俗之を称し、嘖々として已まず。遂に神を以て之に事ふるに至る。

と記される。明治初期には二つ岩に団三郎の祠ができていたことは間違いない。

祭祀のいきさつについては、「世俗これを称し、嘖々として已まず」と記した他に、溟北は具体的な事件を紹介する。慶長年中（一五九六～一六一五年）、大久保長安が奉行のとき、その部下の中沢

善左が日暮れてのち二つ岩の前を通った。善左は、たわむれに従者に「道暗し。団公我に燭を仮すを肯せんか」と話しかけると、たちまち灯りが二つ見えて、善左たちを先導し、町近くなって消えた。そこで善左は団三郎の祠を建て十二権現とよんだ。権現はいま下戸里外にある、という。

異伝も知られている。山本修之助(23)によれば、『佐渡怪談記』(成立年不明)には、明暦年間(一六五五〜一六五八年)、地役人の中沢某が夕暮れに二つ岩の前を通ったときの出来事として、溟北が書いたのとほぼおなじ話が収録される。ただし以下の経過は、溟北の文にはない。灯りを持った団三郎の手下が、「我が親方は国の開きはじめてより年久しく此山賤を以てすみかとなせども、いまだ神に崇められず。何卒世話を以て成就にもなるように願ふ」と依頼したので、中沢某は麓の十二権現の末社として団三郎を祀った。さらに中沢某は、役人をやめて十二権現の神主となり、出羽と名のった。『佐渡怪談記』の記述を全般として信じることはできないが、かりに末社説が事実ならば、現在の二つ岩権現は、下戸の十二権現境外末社の後身ということになろう。

『佐渡国寺社境内案内帳』(一八世紀後半)には、下戸村上町の十二権現があげられる。

十二権現　当社は御上の寺社帳にはこれなし。元禄の末此所に惣四郎と云百姓祠を立、自然と此所の鎮守とし、鹿伏村良蔵院社を建、毎年九月九日祭礼を勤め、元文年中(一七三六〜一七四一年)中沢出羽守社司となり、神号を稲荷と改。此の浦の地続きに相川四丁目弾誓寺持にて、字十二林、田地弐尺に三間半の所これあり、元文四未(一七三九)年八月廿二日弾誓寺より当社に寄附。

この中沢出羽が、『佐渡怪談記』の中沢出羽と別人とは考えられない。『佐渡怪談記』は風聞を語ったにすぎないが、『佐渡国寺社境内案内帳』は少なくとも著者の意図においては、事実の記録集である。中沢出羽が下戸の十二権現を祀り、その末社を二つ岩に造立したのは事実だろうが、それが明暦年間だとする『佐渡怪談記』の記述はたんなる伝承にすぎない。したがって末社建立の時期は不明。中西裕二(11)は、明治初期に二つ岩権現が日蓮宗系の行者によって再興された、と述べている。これが事実ならば、つぎの経過が推定できる。近世のある段階で、二つ岩権現の前身が下戸の十二権現の末社として成立し、それがいったん廃滅したのち、明治初期になってほぼ今の形に復活した(注1)。

現在も境内に石造奉納物がいくつか残っている。最古のものは慶應三(一八六七)年、ついで古いのは明治一七(一八八四)年に「二岩神霊」と刻まれた石碑など。二つ岩権現が一八六七年に存在したことはまちがいない。しかし、それが中西のいう再興の前であるか後であるか、判断は難しい。

本間雅彦(18)によれば、中沢出羽は相川奉行所の地役人。元文二(一七三七)年に町同心を、宝暦元(一七五一)年には米蔵定役をつとめた。中沢家の祖先は越後から来て、正保二(一六四五)年に佐渡で仕官した。越後は稲荷信仰がさかんな土地柄なので、中沢出羽は十二権現社を稲荷社の類と見た。下戸の十二権現にかんしては後に述べるが、二つ岩権現の方についていうと、私が二〇〇二年に訪れたときには、奉納所内の小さな石地蔵群のあいだに陶製の狐が一対まじって入っていた。現代にいたって、二つ岩権現に稲荷そのものの要素が潜入しはじめたことは、おそらく否定できない。

十二権現と狢

下戸の十二権現においてのみならず、佐渡の狢と十二権現の縁はさまざまに語り継がれている。そこで十二権現の実体を知らねばならない。山本修巳(25)は、東北地方に広く伝承されている山の神の十二さんが、おそらく羽黒修験を通じて佐渡にもたらされ、十二社権現または十二権現とよばれるようになった、と説く。妥当な見解であろう。佐渡の十二権現の歴史はかなり古い。山本が『佐渡国寺社境内案内帳』を調べたところによると、佐渡に祀られる十二権現の成立期でもっとも古いのは一四六三年、以降一四八九・一四九八・一五四八・一五六一・一五八八・一五九八・一六二二・一六二八・一六八八年となっている。他は成立年不明。これらの成立年が正確かどうかはわからない。けれども由緒を古く見せかけるための作為としては、成立年は中途半端である。中世後期から近世初期に集中しているのが偶然とも思われない。

素朴な山の神と十二権現と狢と、この三者の習合のいきさつを考察しよう。十二権現が修験によって広められたことは、まちがいあるまい。『佐渡国寺社境内案内帳』の十二権現の分布を調べると、図18に示すように檀特山・金剛山から降りてきたあたりの海岸地帯にこの社が多い。鈴木昭英(8)によれば、檀特山の奥の院には湯殿・月山の神が祀られている。山本の説く羽黒修験の活動が、ここでも示される。修験と十二権現の接点がもう一つある。金剛山には薬師が祀られている。これが十二神将を介して十二権現と習合したらしい。そしてこの習合は、遅くとも享保八（一七二三）年には始まっていた(18)。金剛山から降りてくる海岸地帯に十二権現が多く分布した原因の一つは、ここにあったのかも知れない(注2)。海府地方に十二権現が多い原因はさらに一つあると思われる。漁業との関連であるが、この点にかんしてはのちに私見を示す。

佐渡北部以外においても、金北山の南の二の岳と佐渡南部の米山もまた、薬師信仰の山であった。たしかに米山から降りてきた海岸地帯の椎泊・両尾・野浦にも十二権現があった。いずれにせよ山の神そのものは、修験者の活動の前から信仰されていただろう。したがって、まず山の神と十二権現が習合した。前記十二権現の成立年代のうちには、十二権現以前の山の神を祀る祠の成立期を記している場合もあるかもしれない。現在の佐渡には、十二権現を称する社はそれほど多くない。明治初年の

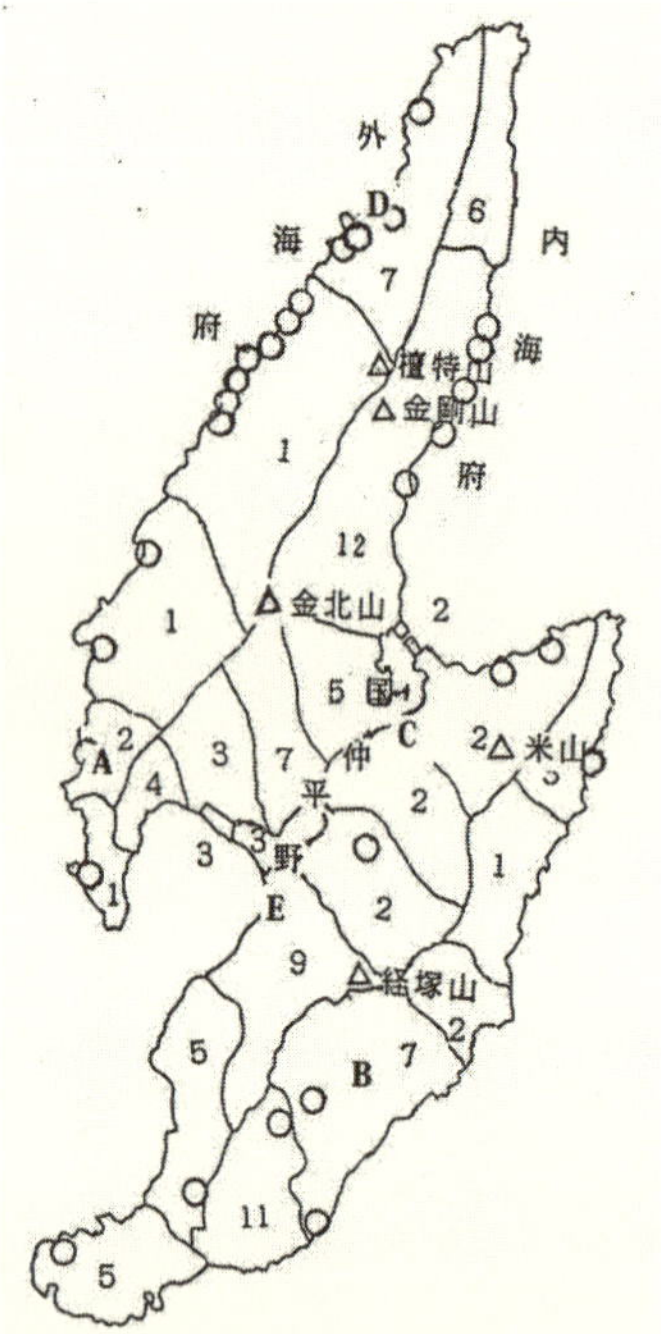

図 18　佐渡における十二権現・著名貉・貉祠の分布

地域区分は、1901 年から 1954 年までの町村
○：『佐渡国寺社境内案内帳』（18 世紀後半）に記載された十二権現
A：二つ岩権現　B：禅達祠　C：財喜坊祠　D：大杉神社　E：源助祠
数字：山本修之助『佐渡名貉録』（1930 年）に記載された旧町村別貉数

神仏分離令に関連して、多くの十二権現社が熊野神社そのほかに改名した(18)。熊野が選ばれたのは、熊野の十二社と付会されたのだろう。

つぎに貉はどうか。貉信仰の始まりは、おそらくこれより遅れる。元来佐渡には狸(貉)は生息しなかったとする説もある。『佐渡奉行代々記』(一八七三年以後成立)には、金山で使う鞴の革に用いるために、明暦三(一六五七)年、狸(貉)が越後から輸入され、山谷に放されて繁殖したと述べる(23)。詳細は別として、狸(貉)が本州から輸入された可能性は否定できない。佐渡とおなじ日本海の離島=隠岐ノ島には、今にいたるまで狐も狸(貉)も生息しない。この辺の事情は未確定でよい。『佐州産物志』(一七四九年写)には、野生獣は六種類しかあげられていないが、そのなかに貉が入る。一八世紀中期には、狸(貉)は佐渡に多く野生していたと思われる。

狸(貉)は、中世以後近世初期までは伝統的に深山の異類のイメージを現わした(13)。けれども動物信仰は日本の伝統だから、狐がいない佐渡で、いずれ狐の代替動物としての狸(貉)が山の神またはその使者とみなされるようになったのは不思議ではない。山本修之助の『佐渡名貉録』(24)(一九三〇年)に採取された伝説の貉の密度は、国仲平野南部・南佐渡南部・内海府・外海府北部に多い。『佐渡寺社境内案内帳』と『佐渡名貉録』の成立時代の相違も関連しているかもしれないが、貉信仰の分布と十二権現の分布のあいだにはずれが見られる。このずれはどこから生じたのか、考えたい。

第一に、環境庁の一九七三・七八・七九年の調査(3)によると、狸(貉)の生息密度は外海府で低く、おおむね南部において高い。第二に、貉にかんする伝説は、人口稠密だった国仲平野において増殖しやすかっただろう。第三に、貉伝説が発生しやすい地勢的・社会的条件を考慮しなければならない。とくに寺院との関係に着目し『佐渡国誌』(6)(一九二二年)を見ると、記載寺院の四分の三が国仲平野南部・南佐渡南部に集中する。第四に、山本修巳(25)によれば、佐渡南部の経塚山の修験者の影響が貉信仰に関連した。第五に、檀特山・金剛山・金北山を根拠とする修験も、貉にまったく関わりなかったわけではあるまい。第六に、貉伝説・信仰は、なかんずく近代に発達したが、それを担った主な宗教者は、アリガタヤ・ドンドコヤと称する祈祷者(後述)である。彼女(彼)らは、内外海府のほか、現在の佐和田町・金井町・畑野町・両津市、つまり国仲平野のあたりに居住する(27)。これらの町は貉伝説の濃密地帯である。以上の諸因が重なって、現在の貉伝説・信仰の分布が成立したのだろう。

佐渡には江戸から派遣された奉行が常駐し、また地役人が江戸詰を経て戻るなど、江戸の雰囲気はとくに相川を中心とする地域にたえまなくもたらされていた(26)。その雰囲気のなかには、稲荷の流行も含まれていたであろう。下戸の十二権現を稲荷に改称しようとした中沢出羽の試みも、彼の祖先が越後出身だったからだけでなく、相川のはずれ下戸の位置にもおそらく関係した。稲荷の名称は別として、実質的には佐渡の十二権現一般に、稲荷的要素がひそんでいたことは否定できない。二つ岩権現にしてそうであった。山本修之助(23)・山本修巳(25)は、佐渡の貉は十二権現として祀られているが、狐のいない佐渡では十二権現が稲荷の役割を果たしている、と指摘した。

ところで、現在では十二権現を山の神と理解しているものは少ない(18)。近世においては、炭焼きが島の人びとの生業として大きな比重を占めており（2）（5）、山は炭焼きに不可欠であった。焼き畑も生計に貢献していた（5）。けれども今はこれらの生業は衰退し、山の神信仰が衰えるのはなりゆきであったろう。代って十二権現は、漁業信仰・農耕信仰との結びつきを強化したようだ。

下戸の十二権現の現状を見ておこう。下戸の十二権現も、明治九（一八七六）年以後、正式名称は熊野神社と変化したが、地元では依然として十二さんとよぶ。境内に入ると正面には立派な社殿があり、鳥居にも熊野神社と明記される。その社殿の向かって左に小さな無名社が張り出す。前には赤い鳥居が建つが社名は記さない。この小社殿が十二さんの痕跡にほかならない。社内には六段の祭壇があり、最上段には中央に御幣を納める木祠、その左に古びた宇賀神（図19）、右にやはり古びた恵比寿。第二段の両端には石製の狐、その内側に小さな木製の大黒。最下段には小さな赤い鳥居が奉納され、各段の残りの場所はほとんど陶製の狐が占める。小社殿前には、年記不明の「奉　米蔵人足仲間」と刻まれた小石碑が建つ。天保五（一八三四）年の上部欠失石灯籠、弘化五（一八四八）年の完形石灯籠がある。

図 **19**　下戸十二社の宇賀神

人頭蛇身の宇賀神は、しばしば弁財天と習合し宇賀弁財天として現れることからわかるように水神であり、また宇賀はウカノミタマに通じ食物神・農耕神でもある。恵比寿は、海神・漁業神である。斉藤純（4）によれば、相川地区では家の神棚に、恵比寿と大黒のお札が納められている。恵比寿は漁の神であるが、大黒は農の神として信仰の対象とされる。

これらの状況から、つぎのことが言えよう。下戸熊野神社の前身の十二権現は、山の神から農・漁の神へと転身した。ちょうど、本州の多くの地域で山の神と田の神が同一神の二面であると信じられているように、山の神は低地に降りては農業神、さらにはおなじく食糧を供給する漁業神でもあり得た。そしてすぐ後に記すように、貉も山から降りて海岸の岩穴に生活し始めた。山神としての貉は、十二権現の名を保有しながら、容易に農業神・漁業神とも習合した。それが今やあらたに狐＝稲荷とも習合するにいたったのだ。下戸の十二権現の稲荷化は、その末社であった二つ岩権現にもいくぶんかその要素をもたらした。二つ岩権現が陶製狐を奉納物として受けるのも、理解しやすいであろう。

貉・修験者・アリガタヤ

貉と修験者の話に戻る。近世には修験者は里に降り、里修験として祈祷・卜占・祭祀などの活動を衆庶のあいだでおこなっていた。貉信仰は、彼らによって広められたに違いない。宮本袈裟雄（20）は、明治以後も相川町後尾で貉を祀るジュウジサン（十二権現）の別当を、修験者の寺院が担当していた事例を明らかにした。近世も同様であったと見て誤りはあるまい。また宮家準（19）によれば、彼が調査をした一九六〇年代には、まだ里修験が主として海府地方の岩場で修行していたという。海府とは佐渡北半の海岸地帯を指し、外海府は昭和三一（一九五六）年までの高千村・外海府村に、内海府は昭和二九（一九五四）年までの加茂村・内海府村に相当する。現在の相川町北部および両津市北部。海府地方における十二権現の繁殖は、このことと関係があるかもしれない。

おもしろいことに、海府では狢もまた十二権現とともに里に降りた。二〇〇二年、後尾のジュウジサンの祠を見ていると、狸（狢）が姿を現した。写真を撮ろうとした瞬間、祠のうしろにある岩穴に姿を消した。十二権現は、海岸河口に多い。狸（狢）が川筋を通って里におりるからだと山本修巳(26)は言う。狢と川は、こうして十二権現の古い信仰対象だった山の神と、新たに獲得した里の神としての属性をつなぐ役割も果たした。里の十二権現の信者や、最近では観光客が里や海岸に徘徊する狸（狢）に餌をふるまう。通行車も餌を落とす。かくて狸（狢）は低地に定住する傾向が生じ、人の食物の味をおぼえ、田畑の農作物を食い荒らして、農家の人びとには害獣と見なされるようになってしまった。

一九六〇年代までは修験の活動が見られたようであるが、大勢においては彼らの役割は大正期でほぼ終わり、これを継いだのはアリガタヤまたはドンドコヤとよばれる祈祷師・巫者（主として女性）であった。中西(11)によると、相川の二つ岩権現が明治初期に日蓮宗系の法華行者によって再興されたとき、そこで行者が女性を憑坐として祈祷をおこなっていた。また現在でもアリガタヤは祭礼や祈祷にさいし、太鼓をドンドコ叩き（ここからドンドコヤの名ができた）、信者は題目を唱える。梅屋潔(1)・中西(11)は、アリガタヤが神・霊をおろすときには九字を切る、という。私見になるが、この九字も日蓮宗系祈祷法の九字切りではないだろうか。そこでつぎの推定ができる。修験衰退のあと、いちじ法華行者がその空白を埋めた。ついで、修験・法華行者の祈祷において憑坐の役割を担った女性の伝統から、ついに独立したアリガタヤが誕生した。以上が中西の考えた経過である。大筋において間違いあるまい。佐野賢治(7)は中西と同様の経過を示唆しつつ、ドンドコヤの修行が多くは修験関係の場所でなされると指摘し、ドンドコヤと修験巫女との結びつきを説く。後に述べるが、御岳教系の男性行者も入っており、彼らは修験者の伝統を受けつぎながら、アリガタヤの役も果たしている。そしてアリガタヤも、二一世紀には衰滅しつつあるようだ。

団三郎と隠れ里

二つ岩の団三郎貉と隠れ里の関係については、すでに柳田国男が短い論文(21)(22)を書いており、山本修之助の『佐渡の貉の話』(23)にも紹介されている。この件についてもう少し詳しく見ておきたい。

太庾の『怪談藻汐草』(一七七八年序)は、つぎの話を採録している。享保のはじめ(元年は一七一六年)、窪田松慶という外科医師が駕籠に乗せられて団三郎狸の豪邸によばれ、団三郎の末子、一三～四歳の少年の怪我を治療し歓待されて帰った。少年狸は、佐渡の役人の武士に切られたようだ。太庾は佐渡の人である。医者が団三郎の子に治療を施した話はかなり普及していたと見え、根岸鎮衛の『耳嚢』巻三(一七九六年以前記)もこれを採用した。なお鎮衛は、天明四(一七八四)年三月から七年七月まで佐渡奉行の任にあり、現地で仕入れた風説を書いたのだろう。

津村正恭の『譚海』(一七九五年跋)巻二にも団三郎の噂話が披露される。佐渡二つ岩の金山に住む団三郎貉が、日雇いに化けて金山で稼ぎ富豪になった。ある医者が団三郎の子孫の病気治療に招かれて謝礼にもらった銭は、一銭だけ残しておけばいくら使っても元の数になるという不思議な銭であった。

滝沢馬琴の『燕石雑志』（一八一〇年刊）巻五も、弾《（ママ）》三郎にかんする記録を収める。こちらの方の弾三郎は、金貸しを営んでいたらしい。それもふつうの金貸し業ではない。この狸に金を借りたいものは、金の数と返済の日限を紙に書き、名印を押して狸穴の入口に置く。翌朝行くと、借りるべき金が穴の前にそろっている。のち金を返さないものがあったので、弾三郎は金貸しをやめた。例の医者の件も述べられている。方金数百粒の謝礼を出された医者がそんな大金は不良の財だろうと断ると、弾三郎は、兵火にかかりあるいは洪水に埋もれた金を拾い集めたにすぎない、と釈明した。しかし医者は、これを拒否して、代わりに貞宗の短刀をもらい受けた。馬琴は、佐渡相川の人＝石井夏海から団三郎の話を聞いた。また『積翠閑話』（中村経年、一八四九年序）巻三には、常陸国行方のある寺の炉端で、冬の寒い日に暖をとらせてもらっていた狸が、老僧に礼するため佐渡に渡り金を持ち帰ったという話がある。

団三郎は狸とも貉とも書かれているが、貉と狸の関係について説明しておこう。詳しい議論は別に試みたことがある（13）ので、結論だけ言う。近世以降において、貉は主として東日本、狸は主として西日本に分布する方言であり、いずれも動物学標準和名のタヌキ・アナグマの両方または一方を指す。ただし時代がくだるにつれて、東日本においても狸の名称が貉の名を圧倒していった。したがって近世後半の江戸では、狸・貉が併用されていたであろう。佐渡の地元でも、知識人は狸の名称を使うことがあった。したがって『怪談藻汐草』などの狸と『譚海』の貉は同一範疇でなければならない。以下本稿においては、文献を引用するときには原表記にしたがい、私自身の文のなかでは流れに応じ自在に表記した。ついでながら、現在の調査(3)によれば、佐渡にはアナグマは生息しない。貉・狸と称せられる動物は、現在の佐渡ではタヌキに限られる。近世においてどうであったかはわからないが、アナグマが住んでいたとしても少数だったに違いない。

話を戻すと、引用した諸話から、いくつかの話柄を抽出することができる。第一は、団三郎の子(または孫)が怪我をして医師に診てもらい謝礼をした、という話柄。『積翠閑話』以外の四話に共通する。第二の話柄は、団三郎が金を採掘し、あるいはそのこぼれの金を拾い金銭を儲けた、という話題。『譚海』・『燕石雑志』・『積翠閑話』が取り入れた。第三は、二つ岩の穴のなかに、思いがけない家居があったことを示す。『怪談藻汐草』・『耳嚢』においては、そこは豪邸であったと伝える。第四は、団三郎が医者に与えた謝礼の内容である。とくに『譚海』の尽きぬ銭の謝礼は注目に値しよう。第五は、『燕石雑志』の金貸しの方法である。

第一の怪我をした子(または孫)のために団三郎が医師を招いた話そのものは、狸(貉)が人に化ける現象を前提とすれば、とくに異様というわけではない。同時に、狸(貉)や狐の怪談に普遍的なパターンでもない。にもかかわらず、この話柄が団三郎についてはなぜ連綿と語り継がれたのだろうか。『怪談藻汐草』と『耳嚢』が書かれた一八世紀においては、佐渡の人びとが、たんに一つの奇談として語ったというに過ぎなかったのかも知れない。しかしその後は、医師の招待そのものよりも、団三郎の邸宅や謝礼の件に言及するために、話題性が維持されたのではないだろうか。

そうだとすると、よく知られている他の伝承とのつながりが、おぼろげながら見えてくる。神話の段階では、ヒコホホデミは海神の宮殿を訪れ、不思議な珠をもらって帰った（『古事記』・『日本書紀』）。『丹後国風土記逸文』では、浦島の子は亀の住む海中蓬莱山を訪れ、玉匳を得た。中世以後になると、動物の命を助けた者が異郷に案内され、呪宝を与えられるというストーリーが目立つ。お伽草子の『浦島太郎』では、太郎は釣りあげた亀を放ち、その亀の国＝竜宮に伴われて歓待され、玉手箱を得る。中世・近世の過渡期に成立した『簠簋抄』では、少年時代の安部晴明は、他の子供たちから殺されようとしている蛇を助け、鹿島の海の竜宮に連れて行かれる。竜宮で彼は、鳥の語を解する呪宝をもらい受けた。これらの説話は、主役の者が動物を助け、見知らぬ場所に案内され、呪宝を受け取るという点で、『譚海』・『燕石雑志』における医者の噂話と一致する。ただし、中世の説話と近世後期の団三郎談では、動物救助と異郷訪問の時間的な順序は逆になった。しかし後者が前者の影響を受けたと解釈しても、それほど無理ではあるまい。

医者がもらった呪宝の機能にかんしても、一言説明しなければならない。『燕石雑志』における貞宗の名刀に限らず、短刀は呪具とまではいえないとしても、身辺・一家守護の象徴でありえた。尽きぬ財宝についていうと、古くは『今昔物語集』（一一一〇年ごろ成立）巻一七—三七に、尽きない米が入った袋の話が出てくる。しかしこの話は吉祥天霊験譚であって、動物救助のモチーフを欠くし、異郷・隠れ里のモチーフも稀薄である。団三郎談により近接するのは、俵藤太の説話であろう。この系統の説話にはいくつものヴァージョンがあるが、まず比較的古い『太平記』(一四世紀末成立か)巻一五から必要部分を紹介しよう。藤太は、琵琶湖湖底の竜宮城に住む蛇の依頼を受け竜宮に赴き、比良山の蜈蚣を退治した。藤太が帰るとき、蛇(竜神)は、お礼として彼に太刀・巻絹・俵・鎧を贈った。巻絹の端を切って使うと、その分はおのずから補われて尽きることがなく、俵のなかの物を取り出しても、いつまでも絶えなかった。近世初期の刊本『俵藤太物語』では、竜宮の贈り物に、赤銅の鍋が追加されている。この鍋のなかから、思うままに食物が湧き出る。佐渡二つ岩岩窟の内の団三郎は、琵琶湖湖底の竜蛇の血を引いてるのではないか。異郷・隠れ里が竜宮から岩窟内の豪邸に、そこに住む動物が竜蛇から狸に変形された。そして尽きない絹と米は、佐渡にふさわしく尽きない金銭に改変された。ついでながら、俵藤太が竜蛇からもらい受けた刀も、『燕石雑志』における団三郎の贈与物とおなじである。日本の伝承では、蛇が狐に、また狐が狸に変更される例が少なくない。狐を経ないで蛇が狸(貉)に変化することもあったのだ。

以上で、先にあげた第一・第三・第四の話柄の由来について説明した。第二の話柄が、佐渡金山・銀山にかかわることはいうまでもない。そしてこれが、竜宮異郷伝承を岩窟内隠れ里伝承に改作する根拠になった。異郷と隠れ里の弁別は微妙であり、この相違と連続性を定式化した人がいたかどうか知らない。大ざっぱにいえば、異郷は人の世界から遠いところに存在し、そこに辿りつくために長い時間と労力を必要とする場所である。住者は動物が多い。ヒコホホデミが滞在した海神の国はその典型であろう。隠れ里の意味は多様であるが、人界のすぐ近くに人知れずひそかに存在する場所をしばしば意味する。窪田松慶が訪れた団三郎邸は、こちらに属する。住者は、人界のわれわれと様が異なる人、または動物。琵琶湖底の竜宮を異郷とよんだが、それにしては人界に近すぎる。異郷と隠れ里の中間のとすべきかも知れない。

つぎに第五の話柄にかんして考えよう。団三郎が銭を貸すのと同様な方法で椀や膳を人に貸し、返さない者があらわれてから椀・膳貸しが止まったという椀貸し伝説は著名である。柳田国男が監修した『日本伝説名彙』(16)からこの種の伝説を拾うと、愛知・岐阜・長野・静岡の四県を中心として、その周辺に多く分布する。新潟からも採録されているので、それが佐渡に波及し、金銀山の土地に適応して銭貸伝説に変化したのだろう。膳と銭の音通も、この変形に寄与したかもしれない。椀・膳が出てくる場所は、淵:一五、塚:一一、穴:六、岩石:四となっており、淵の場合は竜宮淵と称する例、あるいは淵の底に竜宮があるとする例が多い。異郷・隠れ里との関連は、多くの人が指摘するように歴然としている。人に椀・膳を貸し与える者は明記されない場合が多数だが、竜宮淵の椀・膳貸与者は自明である。竜・蛇・女性と明記する話例も知られる。塚の名がつく場合も、ふつうは塚穴、つまり洞窟の入口に椀・膳が出される。祠に出てくることもあった。貸与者が古狐という話も採集されている。塚穴以外の穴で椀・膳を貸す者としては、鼠・山姥・女性・地主神の名が出てくる。岩石を椀膳の置き場所とする伝説においても、岩石のかたわらに穴があいていたに違いない。

総じていえば淵型と洞窟型にわかれるが、前者では竜宮に、後者においては洞穴の内部、またはそこを通りぬけた所にある隠れ里に、椀・膳の貸与者がいた。団三郎の住む場所は後者に属す。住者に狐・鼠のような穴居性の動物が想定された採集例を考慮すると、これが狸（貉）であったとしてもさしつかえない。そのようにみると、第三・第四・第五モチーフは、隠れ里との関連で心理的につながっていると解釈できよう。第一モチーフは、異類を助ける行動を通じて、隠れ里とその住者を開示する役割を持つ。第二モチーフは、隠れ里との通路である岩穴を用意するとともに、通常の隠れ里伝説を変形するのに貢献した。団三郎伝承は、金山・銀山の佐渡にふさわしい隠れ里物語の結晶と評するべきではないか。

狸（貉）の話を続けよう。上野国館林茂林寺の守鶴狸は一個の茶釜を持っていた。ある日、禅師の弟子が千人以上集まったが、寺の茶釜で湯を沸かしても弟子たちにとてもゆきわたらない。そのとき守鶴の茶釜で湯を沸かすと、いくら汲み出しても尽きることがなく、禅師も面目をほどこした。このような話が『甲子夜話』巻三五（一八二三年記）にある。各地の椀貸し伝説を通覧すると、客が多くて膳・椀が不足したので急場をしのぐために膳・椀を借りた、という型が少なくない。これらの伝説では、隠れ里の主が膳・椀を供給した。他方、守鶴伝説で不足したのはお湯であるが、狸の茶釜がこれを供給した。内容・容器の違いはあるが、客人の数にあわせるために異類の所有物が役にたった点では共通する。団三郎貉の銭貸し伝説は、椀貸し伝説を媒介として、守鶴狸の茶釜伝説とつながる。

それだけでない。団三郎貉は、子狸を治療したお礼に尽きない銭を医者に与えた。この点も、尽きぬお湯を沸き出す守鶴狸の茶釜を連想させる。近世刊本『俵藤太物語』で竜蛇が藤太に謝礼に与えた銅鍋をも参考にすれば、団三郎と守鶴の二匹の狸（貉）が、見えない経路で連絡しているさまが想像されはしないか。守鶴は、隠れ里から人界に迷いでてきた異類だったのかも知れない。

禅達・財喜坊・さぶと・源助

団三郎以外の狸伝説を紹介しよう。徳和村（現赤泊村東光寺）の東光寺（曹洞宗）にも、貉の祠がある。この寺には源翁心昭開基の伝承があり、そのことは『佐渡国寺社境内案内帳』にも出ているが、口承においては、彼が永徳二（一三八二）年にこの寺を開いたとき、九州出身の順礼＝玄達を伴ってきたともされている(10)(12)。このところは、上州館林茂林寺の守鶴狸が大林禅師に伴われてこの寺に来た、という伝承（成田朝辰『貍説』一九世紀初期）と同型である。ただし玄達が貉であったという証拠はない。また史実としては、源翁が佐渡に渡ったことを示す記録もない。玄達が貉であったかどうかは別として、これと音通の禅達がそののち東光寺に居ついた。禅達の正体は狸であり、和尚と禅問答を試み敗れた。山本修之助によれば、禅達には、椀貸し伝説も付着している。団三郎とちがい、貸したのは銭ではない。全国的に流布する伝説のとおり椀であった(23)（注3）。

現在東光寺の境内のはずれに貉の祠があり、その奥は小さな岩穴に続く。そして祠の上は丘になっている。つまり岩穴の奥は丘の基部に位置するのだ。以前は貉の祠は丘の上にあったそうである。今はその丘の上には、赤・白混交の鳥居がならび、貉の祠とは別の小社が建てられている。祀ってあるのは、金比羅・熊野・稲荷(10)(12)である。『佐渡国寺社境内案内帳』を参照すると、近世中期には、境内に神明・熊野・白山の三社があったようである。稲荷が入ったのは後のことであろう。貉が白山か神明と習合し、それが稲荷に変わったのかも知れない。

潟上村（現新穂村潟上）の湖鏡庵（曹洞宗）境内にも、財喜坊という名の貉を祀った祠がある。その前には白い鳥居がいくつかならぶ。祠の前には天明・寛政（一七八一〜一八〇一年）の念仏供養塔が立つ(12)が、もともと財喜坊のものだったのかどうかはわからない。坊と称することから、修験との関係が想像できよう。この貉は、寺のことはなんでも用をたし、田地の水の番までした。漁民の信仰も厚いという(23)(注4)。

つぎは関（現相川町関）の佐武徒の番である。外海府に面した現在の大杉神社（別名寒戸神社）のあたりには、古くからさぶととよばれる貉が住んでいた。天保七（一八三六）年成立の『佐渡名所集』には、関のさぶと貉の名が出ている(23)。佐渡の同類のうちでは、団三郎についで早く世に出た貉だといえる。ここには古くから小さな祠があったが、一九五二年に女性アリガタヤ＝出口シマを中心として、祠のほとりに井戸を掘ったので、信者のお籠りが容易になった。井戸を掘ったとき、地中から骨が出てきた(1)(7)(9)。六八〇年前に生き埋めになったお杉という娘の骨(7)とも貉の骨(9)とも竜の骨(1)ともいわれている。さらに出口らは、一九五八年に現在の社殿を造った。骨は、今は社殿の下に収めてある。

道から海岸の方へ向かい、例によって白木の鳥居の行列が続く。その奥には祈祷所（社殿）がある。祈祷所に導く道に沿う窪みに岩が重なり、その透き間から貉の鼻息が聞こえた。祈祷所の向かって左には、竪穴が深い底を見せる。一九八八年に訪れたとき、祈祷所には御岳行者兼アリガタヤの藤巻与四郎が入っていたので、彼からいくつかの事情を聞き取ることができた(12)(17)。藤巻は、はじめは二つ岩にいたが、神のお告げがあり一九七五年ごろに寒戸に移ったという。彼の説によれば、お堂の祭壇の下には貉の顎が祀られている。井戸掘りのときに発見された骨かも知れない。お堂の裏の大きな岩と松、および堂前の杉が神体だと伝えられる。大杉神社の名称、および発掘された骨の件を念頭におくと、この神社は樹木信仰、海岸の巨石信仰、貉信仰、および竜蛇信仰が重層して成立したと思われる。藤巻に祈祷を依頼するのは漁業従事者が多い。彼は、念仏も唱えるし祝詞も読む。藤巻が佐渡で得た知識が、どこまで信仰の史実に一致するのか不明だが、彼の佐渡滞在は長いようだし、その説くところも納得できる点が多い。二〇〇二年に再び訪れると、無住になっていた。藤巻は死去したのだろうか。

屋敷神としては真野町新町の酒造家＝山本家(おもや)の源助貉が名高い。これにまつわる伝説を紹介しよう(23)。

山本家の屋敷内に、源助とよばれる貉が住み着いていた。ある日杜氏が酒倉へ酒を取りに行ったとき、突然源助貉に憑かれた。貉は、「祝宴で酒を飲んでいるところ、杜氏が土足で入ってきたので憑いた」と彼の口を借りて言う。主人が「そんないたずらをする貉の巣は取り払う」と怒ったところ、「すぐ落ちるから今まで通りお屋敷に住ませてほしい。その上は恩に報いるため、末代まで当家を守護し、夜番をしてけっして盗賊を入れない」と誓った。

一九三一年、山本家は新町大神宮の脇に源助貉の石祠を建てて、屋敷内から移した。

貉付きの諸相

著名貉の銘々伝はこれまでとし、佐渡の貉の付き（注5）と貉落としについて少し述べよう。明治の中ごろ、畑野町の与助婆さんが貉に付かれたが法印さんの祈祷でなおった、という噂話が採録されている(23)。この場合は、祈祷者は法印、つまり修験者であった。現在の話者が語る貉付きにおいて、祈祷を担当するのはすべてアリガタヤである。以下、資料は中西の論文(11)から採った。

貉付きの原因は、（1）貉が欲しがっている食物をあげなかった（一三件）、（2）貉の領域を荒らした（六件）、（3）貉に害を加えた（四件）となっている。このうち（2）・（3）は本州の狐付きの原因の有力な型と共通する(15)。ユニークなのは（1）の型であろう。狐のこの型の付きがないとはいえないが、佐渡の貉の場合ほど付きの主要原因にはなり得ない。（1）型貉付きの一般的な経過はつぎのようである。ある人が食物を持って山中・村境などを通る。やがてその人の身体または精神に異常が生じる。アリガタヤは、通り道の近くにいた貉に食物を与えなかったので付かれたのだ、と告げる。そこで付かれた現場に、食物を供えると異常は治癒した。異常の内容は、身体疾患が二一、精神疾患が一〇。

（1）の例をもう少し分析したい。狢が欲しがった食物の種類は、多い順に（イ）魚類：一一、（ロ）赤飯・御飯：五、（ハ）天ぷら・油揚げ：四、などである。ただし、狢が同時に複数の食物を欲しがった場合は、それぞれの食物を一例として数えた。

稲荷＝狐と異なり、狢は何よりも食物が欲しくて人に付く。その原因は、狢神の独特のイメージにもとづく。標準的な狐は山の神ではない。しかし佐渡の狢は山の神と習合した。狢は、里の社祠に祀られている一面、山にも住む。里の社祠に納まっている抽象的な狢神と、山で人と接触する現実的な狢は、人の観念のなかでなかば分裂している。したがって社祠に供物をそなえただけでは、狢は充足しない。しかも、狢がとくに欲しがるのは魚類であった。

狩猟神としての山の神をのぞき、ふつうの山の神が魚類の供物を求めることは、伝承の世界でよく知られる。そしてこの伝承には、海産物を望む山民の需要が反映している。佐藤利夫(5)は一七世紀の歴史資料を調べ、佐渡の山民と漁民のあいだで、山の木材・薪と海の魚類の交換がおこなわれていた事実を明らかにした。山民のみならず、山の神、およびその象徴としての資格をまだ充分保持していた山の狢もまた、魚類を欲したであろう。

魚類以外の狢が欲した食物の種類を見なおす。（ロ）の赤飯・御飯は、狢を祀る十二権現にかぎらず、神社に供えるもっとも一般的な食物のうちに数えられるだろう。神として抽象化された狢は社祠に祀られているのだから、当然ながらこの類の供物もふさわしい。（ハ）の天ぷら・油揚げは、稲荷＝狐の好物であった。狐の代替動物としての狢または狢神も、これを好むに違いない。

貉付きの原因（2）は、狐付きの場合においても珍しくない。しかし貉の場合、人から荒らされるのを嫌うのは、巣穴とする樹木である。中西(11)は、この種の原因による貉付きの例を三件あげた。そのほか貉付きではないが、貉の巣の木を切ったため、災厄にあった例が二件ある。狸（貉）は、狐と違い自分で巣穴を掘る能力を欠くため、しばしば樹木の洞を巣に利用する。この習性が、貉付きなどの原因にも取りこまれた。樹木の洞に住む点で、狸（貉）は蛇とも連絡した。佐渡はもともと海に囲まれた島であるから、竜蛇信仰の伝統を持つ(4)。海岸の村落の貉信仰にかんしては、このことも考慮すべきかも知れない。大杉神社の重層信仰は、その一例ではないか。

中西は、同一の出来事が「化かされた」とも「憑かれた」とも解釈される中間的な例の存在を報告している。彼は、調査地である外海府のある村落では、両者が非常に近い概念であると指摘した。重要な指摘であろう。佐渡にかぎらず、また狸（貉）にかぎらず狐についても、おなじような例は少なくない。狐に化かされて、夜が明けるまで山中をぐるぐる迷い歩いた、という類の噂話は、狐に付かれて精神に狂いが生じた結果とも解することができるはずだ。狐・狸（貉）の「付き」の観念を広げて、「付きまとい」までふくめると、「付かれる」と「化かされる」は連続してしまう。生物学があつかう現象においても、内部寄生と外部寄生がともに寄生現象に属する。

貉の習性と怪異

さいごに付き以外の佐渡の貉の習性と怪異の特徴を探ってみよう。居所または出現場所には、はっきりした傾向がある。つぎのような場所に多い。（1）寺院またはその付近、（2）岩石の穴またはその近く、（3）樹木の下、（4）坂。

第一に、寺社の名のついた貉が少なくない。山本修之助(23)が書き出した貉のなかから拾いあげると、不動坊・常願寺貉・理性院貉・勝広寺貉・願成寺貉・薬師寺貉・地持院のおまつ・満行寺貉・万徳院貉。他に貉の名前には採用されていないが、所在地が寺社名になっている貉、元来は貉と無関係の寺院・神社境内に祀られている貉を加えると、二二四、全貉数が一〇六四匹だから二〇パーセントを占める。第二に、岩石の穴・周辺に現れる貉は、すでに述べた二つ岩団三郎・関の佐武徒の他一三匹、計一五匹、貉総数の一四パーセント。第三に、樹木の名がつく貉、またはその下・近くに住む貉は一〇匹。九．四パーセント。樹木の名は、順不同に榎・桜・欅・桂・松・杉など。榎・松・杉に拠る貉は複数になる。第四に、坂に住む貉は七匹、貉総数の六．六パーセント。

これらの場所には貉が出やすい。岩穴・樹木の洞は貉にとって絶好の巣穴として利用される。寺社には洞の開いた樹木、穴をのぞかせる岩石が多い。そのうえ、十二権現はもちろん他の一部の寺社も、貉信仰を取り入れようとしただろう。東光寺・湖鏡庵はその典型であった。坂の斜面は、やはり貉の穴ができやすい場所である。それに心理的にも、坂は（人界と異類の世界の）境に通じ、そこで人と異類がしばしば出合う。

貉が数字が入る人名でよばれる例がかなりある。十二さんは別として、三蔵・三四郎・三郎・団三郎・四郎・五郎吉・弥五平・おろく・久六・七平。佐渡では、三のつく名が多いが、団三郎の影響だろうか。

この件についてては徳島の狸祠にかんする拙論で考察した(14)が、佐渡と徳島と両方に共通な説明が可能かどうかわからない。

佐渡の貉の怪異を列挙するとつぎのようになる(23)。ただしすでに述べた型のものは省く。

A:(1)貉の嫁入り、(2)貉の火、(3)貉の火防。

B:(1)奇妙な音を立てる。たとえば、麦搗きの音・小豆とぎ・カチカチという音・杭を打つ音・太鼓をたたく音・砂まきの音、(2)石を投げる。

これらのうちAに属する行為は、狐の怪異の真似だろう。Bのグループの行為は、狐より狸(貉)において顕著な怪異である。狸(貉)が発する怪異は、音をともなう場合が多い。山のなかの怪音は、中世以来狸か天狗の仕業とされた(13)。たとえば『夫木和歌集』(勝間田長清撰、一三一〇年ごろ成立)巻二七所収の寂蓮の和歌

人すまで鐘も音せぬ古寺に　狸のみこそ鼓うちけれ

は山中狸の怪音の早い時期における記述であった。ただし、これが狸の腹鼓を意味しているとは断定できない。山奥の寺で狸が鼓のような音を発している、というだけの話かもしれない。そして(2)石の礫打ちは、(1)の砂まきの音と関連する。『古今著聞集』(橘成季、一二五四年成立)巻一七には、三条実親の屋敷にどこからともなく礫が飛んできた、という話が記載されている。侍が狸の仕業と判

断し、庭で狸を料理して、これ見よがしに盛大な宴会をもよおしながら大声で狸を叱責すると、飛礫の怪はやんだ。礫打ちは、狸が高所から人を攻撃する傾向にもかかわる(13)。なお佐渡には、貉の肉を食うと化かされないという俗信がある(23)。狐とおなじく狸（貉）も、同類が食われるのはもっとも恐怖すべき事件であり、撤退の原因になるらしい。

さいごになったが、山本修巳氏、東光寺ご住職、湖鏡庵住職ご夫人、および相川町役場総務課の浜野氏には貴重なご教示をいただいた。心から感謝の意を表したい。

注

(1) 中沢出羽がまず団三郎を下戸十二権現の境内末社に祀り、明治以後それが二つ岩に移された可能性もある。

(2) 本間は(18)、佐渡国仲・南部にもかつては数多く十二権現が分布していたが、淫祠邪教を取り締まる江戸幕府の宗教政策と抵触したため、この地方でははやく消滅した、と指摘する。彼は、国仲と南部に十二の名がつく地名が多いと強調し、これが十二権現の痕跡だと論じた。傾聴すべき見解だろう。海府地方には、貉と結びついても、淫祠ではないと申し開きができる存立原因があった、というのが本間の推測である。その存立原因は、里修験による強力な掌握と、漁業との結びつきではなかったろうか。

(3) 佐渡貉の膳椀貸し伝説は、畑野町小倉の中村家の奥山、赤泊村外山の万徳院にもある。いずれも佐渡南部の山に入ったところ(23)。
(4) 貉は、安永・天明(一七七二〜一七八九年)のころ、佐渡島西南端の稲鯨(現相川町稲鯨)の開墾に協力したともいう(23)。
(5) ふつうは「憑く」と表記するところを、本文後述の理由で、本稿では原則として「付く」と表わす。なお近世においては、狐のつきは多くの場合「付く」と記されていた。

文献

(1) 梅屋潔:「有り難き」ひとびと 梅屋潔他『憑依と呪いのエスノグラフィー』岩田書院 二〇〇一年 一一一〜一二五
(2) 香月洋一郎:村落の暮らしと生産領域 両津市郷土博物館編『海府の研究』両津市郷土博物館 一九八六年 五一〜七一(高志書院復刻 一九九七年)
(3) 環境庁保護局編:『日本の自然環境』大蔵省印刷局 一九八二年
(4) 斉藤純:海の信仰 相川町史編纂委員会編『佐渡相川の歴史』資料集八 相川町 一九八六年 七七〇〜八〇九
(5) 佐藤利夫:佐渡の海府 両津市郷土博物館編『海府の研究』両津市郷土博物館 一九八六年 一〜五〇(高志書院復刻 一九九七年)
(6) 佐渡郡役所編:『佐渡国誌』名著出版 一九七三年(原著は一九二二年)

(7)佐野賢二：巫俗とムジナ憑き　相川町史編纂委員会編『佐渡相川の歴史』資料集八　相川町　一九八六年　八五〇～八八〇
(8)鈴木昭英：佐渡の山岳信仰　鈴木編『富士・御嶽と中部霊山』山岳宗教史研究叢書九　名著出版　一九七八年　五四四～五七八
(9)蛸島直・岩本通弥：関の信仰と生活　相川町史編纂委員会編『佐渡相川の歴史』資料集八　相川町　一九八六年　一〇三三～一〇五九
(10)東光寺住職：ご教示　一九八八年
(11)中西裕二：佐渡島の憑きもの現象　梅屋潔他『憑依と呪いのエスノグラフィー』岩田書院　二〇〇一年　一五～八八
(12)中村禎里：佐渡　タヌキの旅『図書』四八〇号　一九八九年　一八～二三（本書所収）
(13)中村禎里：『狸とその世界』朝日新聞社　一九九〇年
(14)中村禎里：徳島県のタヌキ祠　沼義昭博士古稀記念論文集編集委員会編『宗教と社会生活の諸相』隆文館　一九九八年　二七三～二九九（本書所収）
(15)中村禎里：『狐の日本史』近世・近代篇　日本エディタースクール出版部　二〇〇三年
(16)日本放送協会編（柳田国男監修）：『日本伝説名彙』日本放送協会　一九五〇年
(17)藤巻与四郎：ご教示　一九八八年
(18)本間雅彦：信仰　両津市郷土博物館編『海府の研究』両津市郷土博物館　一九八六年　一九九～

二六三（高志書院復刻　一九九七年）
(19)宮家準：『修験道儀礼の研究』　春秋社　一九七〇年
(20)宮本袈裟雄：『里修験の研究』　吉川弘文館　一九八四年
(21)柳田国男：団三郎の秘密『定本柳田国男集』第四巻　筑摩書房　一九六八年　三六一～三六三
(22)柳田国男：隠れ里『定本柳田国男集』第五巻　筑摩書房　一九六八年　二三〇～二五八
(23)山本修之助：『佐渡の貉の話』　佐渡郷土文化の会　一九八八年
(24)山本修之助：佐渡名貉録　一九三〇年『佐渡の貉の話』　佐渡郷土文化の会　一九八八年　二一七～二二五
(25)山本修巳：佐渡ムジナ考　山本修之助：『佐渡の貉の話』　佐渡郷土文化の会　一九八八年　二三六～二五〇（初出は一九七三年）
(26)山本修巳：ご教示　二〇〇二年

III

ウマの神性と魔性

いま私の手許には、日本におけるウマの視覚像のもっとも古いものと新しいものが置かれている。古いほうは竹原古墳石室正面の彩色壁画のウマの写真であり、新しいほうは昨年越後で求めてきた藁ウマである。両者を隔てる千数百年の間に、日本人はウマに関してさまざまの、そして多岐にわたる観念を展開してきた。そのあらましについて、私見をもまじえながら概説しよう。

竹原古墳の壁画には、武人らしい男に轡をとられたウマと、その上方にもう一頭、角を生やし口から火を吐く奇怪なウマ的動物が描かれている。これは飼いウマを水中の竜馬と交配させようとする場面だとされている。このような考えは大陸伝来であるが日本でも普及し、中世以後においても生唼・磨墨などの名馬はこうして得られたという伝説が広がった。

一般に神への供犠と神婚の区別は紙一重の差というべきであり、両者はひんぱんに混交する。竜種の名馬の伝説にも、水神にウマを供犠する習俗がからんでいるようである。八・九世紀の水神祭祀遺跡の上層にウマの骨が、下層に土葬のウマが発見された。

もともと古代において、ウマは特権階級のステータス・シンボルだったので、神霊のような高貴な存在はウマに乗って移動すると見なされた。しかもウマと結びついた水神は、水を支配し水田耕作の豊凶を左右する神でもあった。ここから農耕神がウマに乗って、山と里のあいだを去来するという信仰が生まれた。ウマの絵を田の水口に立て、神の乗用に供する民俗はその一例である。そしてさらに神の霊威の一部が、これに仕えるウマに転移されることになる。

ここで現在の藁ウマに話をもどすと、その形態において注目すべき点が二つある。一つは背に載せられるたわわに実った稲の束であり、あと一つは下腹部に明瞭な陰茎を見のがすことができない。後者についてはあとでふれるとして、稲を積んだウマは豊穣をもたらす神を招くウマだろう。盆の行事で祖霊を送迎するのが藁ウマの元来の役であった。しかし祖霊と農耕神は同一視されやすく、現在の郷土民芸の藁ウマが稲束を負うのは、故なしとしない。

図 20　竹原古墳壁画（古墳時代後期）

図 21　藁馬

ウマに関する説話や伝承の一部は、仏教の影響を受けて成立した。とくに六道輪廻説のもとで、人が畜生に堕ちる説話が多く語られた。五世紀に騎馬の風習が日本に入ってきて以来しばらく、ウマは特権階級の地位の象徴であったから、古代におけるウマは劣等な畜生界を代表するには品位が高すぎた。したがって、『日本霊異記』（景戒、八二〇年ごろ成立）・『日本法華験記』（鎮源、一〇四〇年ごろ成立）・『今昔物語集』（一一一〇年ごろ成立）のような中古の説話集においては、悪事をはたらいた人の堕ちゆくさきの家畜は、ウマではなく労役専門のウシである。そして中世にいたり、はじめて人はときに来世においてウマに転生するようになった。たとえば虎関師錬の『元亨釈書』（一三二二年成立）二九―六話において、飛鳥貞成という男は、悪報により死してウマになり、その旨を夢で孫に告げた。

一方、地獄で閻魔の配下として死者をさいなむ牛頭・馬頭のたぐいは、人が前世において酷使した家畜の復讐の思いを形象化したものであろう。このような獣頭人身の鬼は、やがて地上にも現れて人を脅かすことになる。『宇治拾遺物語』（一二〇〇年ごろ成立）一二―二四話では、ある男が一条桟敷屋で遊女と寝ていると、軒の高さほどの丈でウマの頭をもった鬼が、格子戸を押しあげて顔をさし入れて去った。

ウマ型の鬼ではなく、鬼のようなウマの話もある。中世後期、下層の芸能人が門付けをしながら語り歩いた説経節の『小栗判官』には、この種のウマが登場する。二条大納言兼家の子＝小栗は関東に下り、横山某の娘＝照手姫と結ばれるが、姫の父親横山はこれを忌み、小栗を亡きものにしようと試みる。まず横山は、彼が飼育しているウマ＝鬼鹿毛に小栗を食い殺させようとたくらみ、このウマを騎御するよう小栗に望む。鬼鹿毛は、人を秣にして飼われており、そのまわりには喰い殺された人の白骨・黒髪が算木を乱したように散乱している。小栗は鬼鹿毛に対し、すなおに騎乗させてくれれば、死後に寺を建て馬頭観音として祀ろうと約束する。鬼鹿毛のほうもこれを容れたため、横山の陰謀は破れた。この話には、難題智型の説話が影をおとしているように思えるが、『小栗判官』全体の異様な雰囲気の一挿話としてふさわしい奇怪さを示す。

鬼鹿毛の残忍獰猛は、おそらく三つの要素の影響を受けている。一つは神性をもったウマの猛き作用である。すでに述べたとおりウマは水神・農耕神につらなり、またやがて記すように境の神でもありえた。そしていかなる神も、人に利益をさずけるだけでなく、場合によっては災いをもたらす。第二に鬼鹿毛は、馬首の鬼の投影を受けているであろう。

これに加えて第三に、あがりウマ・はねウマなどと呼ばれた荒れウマを見事に乗りこなす名手の噂話が、鬼鹿毛の挿話にかかわっていると思われる。『古今著聞集』（橘成季、一二五四年成立）には、その種の馬芸譚がいくつも出てくる。極端な荒れウマは人食いウマと名づけられたが、これは『小栗判官』の鬼鹿毛のように人を実際食用にするのではなく、たんに噛みつくにすぎない。『古事談』（源顕兼、一二一三年ごろ成立）六―六八話では、あがりウマがわざと転んで、乗った人を食いおどした。

さて『小栗判官』の鬼鹿毛は、死後馬頭観音に祀られたが、馬頭観音は民俗的に何を意味しているのであろうか。ふつうにはウマが道行く途次で倒れたとき、これを葬るため馬頭観音の像をたてる。

しかし馬頭観音の前身は古く、『リグ・ヴェーダ』の時代（B.C. 一五〇〇～一〇〇〇）のインドにあり、その馬祀祭において王妃とウマが交合のまねをする。これは一種の農耕儀礼である。ここに豊穣の祈願に貢献しえるウマの第二の特徴がうかびあがってくる。すでにあげたウマの巨大な陰茎もまた盛んな増殖力を象徴するであろう。越後の民芸のウマにわざわざ陰茎がとりつけられているのは、この点に関係するに違いない。

さらに馬頭観音は、ウマが倒れた場所を示すだけでなく、地蔵・庚申・道祖神・寒神などと混在し代替しあって、境の神、岐の神の役割をも果たしている。しかもときには、男根を象徴する石棒がおなじ機能を受けもつことがある。ウマの巨大な陰茎は、境の神としての馬頭観音の働きをもいくぶん反映しているかも知れない。一般に勃起した男根は、魔よけの力を発揮し、地域に出入する危険なものを防除する。

ウマの伝説としてとくに有名なのは、人とウマとの婚姻譚である。それは東北地方のイタコのオシラ祭文などで語られる。内容にはさまざまな変異があるが、一例をあげよう。飼いウマが娘に恋慕し、娘もウマを憎からず思っているのを知った長者が、ウマを殺して皮をはぎ桑の木にさらす。行方不明のウマを探す娘がそれを発見したとき、ウマの皮は娘を包んで天に昇ってしまう。やがて娘とウマはカイコに化して戻り、長者はさらに豊かになった。じつはその原話は中国の『捜神記』（干宝、四世紀成立）などにある。ただし中国の場合には、娘はウマの好意を利用するだけで愛を示さず、ウマを尋ね歩くこともない。

この奇妙な物語の背景として、今野円輔(1)はつぎのように説明している。奥州のふつうの農家ではウマの飼育は女性の役割だった。しかもウマの世話をする女性には、陰部をウマに見せてはならないというタブーがあった。

これもおそらくウマの陽根の印象に関係している。それにしても日本の馬娘婚姻譚には、性器の問題にはとても解消できそうにない、娘のウマへのやさしい思いやりが感じられる。これは家畜に対する日本人の伝統的な心理を反映しているのであろう。

(1) 今野円輔『馬娘婚姻譚』民俗民芸双書五　岩崎美術社　一九六六年

ネズミの伝説・説話

ネズミは、小さくて親しみやすい動物であるとともに、屋根裏や地下に住み、食物をひいたり作物を荒らしたりして厭われる夜行性動物でもある。人から親愛と忌避の両極の感情でむかえられるネズミの二面性は、『古事記』（七一二年成立）上巻の有名な神話にすでに示されている。

野原のなかでオオクニヌシは、スサノオがつけた火に囲まれた。そのとき彼のもとにネズミが寄ってきて「内はほらほら、外はすぶすぶ」と教える。オオクニヌシが教えられた場所をふむと穴があいており、彼はそこに入って火を避けることができた。

この神話のネズミは、人の友人であったが、同時に地下の暗い国の住者であることもかくしていない。日本のネズミにかんする説話や習俗は、この両面のいずれか、または双方にかかわっている。

沖縄には、海の彼方の霊魂が住む他界からネズミが来訪する、という信仰が存在する。柳田国男(3)は、この動物が収穫祭の魂迎えの前後に、群れをなして里近くに現われ、また海を渡って島に泳ぎつくのを見た体験が、このような俗信を生んだのだろう、と推測した。そして日本人の心のなかで、海の彼方にあると思われていた他界のイメージを、地下の世界に移し変えたのはネズミである、というのが柳田の意見であった。ちなみに、ネズミの語源を「根・住み」にもとめる説はかなり有力であり、ここで「根」は根の国、つまり地下他界を意味する。

柳田の説の当否はここでは問わないが、ネズミが地下他界の主人公である、という考えは、室町時代のお伽草子にも見られる。『かくれ里』によれば、野辺の穴の奥にネズミが住む世界があった。『鼠の権頭』においても、人の娘が古い塚のなかでネズミ婿と生活をともにする。後者の話の筋を要約しよう。

清水の観音の仲介で、権頭とよばれる古ネズミのもとに、五条に住む長者の娘が嫁入りをする。この段階では権頭は人の姿をとっている。しかし様子がふつうでないので、娘がワナをしかけておくと、権頭はこれにかかって本性を現わしてしまった。娘は逃げだしながら、自分が権頭と住んでいた場所をかえりみると、そこは古い塚であった。

『鼠の権頭』のネズミ婿譚は、「ネズミの嫁入り」の連想にみちびく。日本の各地に、正月になるとネズミに餅などを供える風習が知られている。この風習は信州で「ネズミの年取り」、八丈で「よめご祝」、五島で「ネズミの年玉」とさまざまな名称でよばれるが、内容的にはそう違わない。しかも中国においても「鼠娶婦」などという似た習俗がみられる。

この習慣は、どのようにして生まれたのであろうか。南方熊楠(2)によれば、がんらいは新年にネズミに食物を与え、その害が減じることを願っていたのに、いつのまにかネズミの交尾の騒ぎとむすびつけ、ネズミの婚礼を祝って食物を与えるのだ、と誤伝するようになった。しかしネズミの繁殖期は冬ではない(家ネズミのばあい食糧が豊富だから正月にも交尾するが)。大島建彦(1)が説くように、ネズミの多産との関係も考慮しなければならないだろう。

さて日本では、平安時代にすでにネズミはヨメノコの別称をもっていた。このヨメはもともとは「嫁」ではなく「夜目」、つまり暗闇においてもよくはたらく視力(じつはネズミの視力は弱い)の意味からきている、と主張する人が多い。たとえば南方いわく「まあそんなことかいな」。一方柳田は、ヨメは動物一般に使われる忌詞のヨモノと通じ、本名をよぶことを忌みはばかるゆゆしいもの、という意味だ、と述べている。

いずれにせよ、はじめは「嫁入り」と無関係に生じたネズミの別称ヨメが、日本においてはこの観念の普及を助長したのだろう。

『鼠の権頭』は民話というよりは創作である。現在この型の昔話は残っていない。しかし『鼠の権頭』以前に「ネズミの嫁入り」の説話があり、前者は後者に触発されて創られたのだろう。無住の『沙石集』(一二八三年成立)略本系巻七に収められた説話は、「ネズミの嫁入り」説話の古い記録である。その大要をつぎに紹介しよう。

適齢期の娘ネズミがいた。父親のネズミは、天下に並びない婿をとろうと、まず太陽に話をもちかける。太陽は「自分の光は雲にあうとさえぎられるから、雲のほうが上である。雲のところへ行け」と教える。そこで父ネズミは黒雲に会い、娘と結婚してくれと頼む。雲は「風に吹きたてられると自分は無力だから、風を婿にせよ」という。そこで風のもとに行くと「築地にはかなわない」という答えをえた。なるほどと思い築地をたずねると、築地は「ネズミにほられると耐えがたい」と告げた。父ネズミはついにネズミは何よりもすぐれていると合点し、ネズミを婿にとった。

この説話は、じつはインドからの輸入品である。外国から入ってきた説話でも、移植に成功し、日本の民話として成長した例も知られている。にもかかわらず「ネズミの嫁入り」が定着しなかった事実は、『鼠の権頭』が民話化しなかったこととあわせて、日本人のネズミ忌避の面の強さを示唆するのだろう。

現在おこなわれている「ネズミの浄土」においては、人の友愛の対象たりうるネズミが活躍する。このネズミの浄土もまた地下の世界であり、「浄土」の表現は、彼らが住む場所が、やはり他界に縁があることをほのめかす。

爺が山で働いているとき、あやまって握り飯（または団子・ソバ・豆・餅等）を穴に落とす。これを追って穴に入った爺をネズミが餅をついて接待し、爺は宝物をもらって帰った。それをうらやんだ隣の爺もネズミの穴に入ったが、ネコのまねをして報復をうけ、さんざんな目にあう。

この昔話で爺がネズミに握り飯などを与え、またネズミも爺を餅で接待するくだりは、さきに述べた「ネズミの年玉」のような習俗に関係があるのだろう。そしてネズミが爺に宝物をさずける部分は、この動物が人に富をもたらす、という俗信にむすびついている。とくに白ネズミは人びとに財宝をあたえ、あるいはそれを守るという。中世以後、白ネズミが七福神の一つ大黒天の使者とみなされたのは、この俗信をうけてのことである。

江戸時代の歌人・津村正恭の『譚海』(一七九五年跋、巻一二)は、中禅寺で経典を食い荒らしたネズミを捕らえ、その死体に墨をつけて紙に押すと大黒天の像が現われた、という説話を記している。ここではネズミは福の神、大黒天の使者どころではなく、大黒天自身の顕現だったのだろうか。ただし福の神の化身が経典をかじった因縁については理解に苦しむ。大黒天がインドの護法神だった事実にてらすと、なおさらそうである。

南方の考証によれば、大黒天のネズミは、クベラ(毘沙門天)の使者としてのネズミ、またはガネサ(歓喜天)の乗物であるネズミの系譜をひく。しかしそれだけでなく、中世の神仏混交思想のもとで、オオクニヌシ(大国主)と大黒天が同一視され、オオクニヌシを助けたネズミが、大黒天にも寄りそうことになったのだろう。

他界はもちろん、人びとの霊魂の集まる場所である。そのせいか他界にゆかりのネズミは、ときには霊魂の象徴としての役割が課せられる。根岸鎮衛の『耳袋』（一八一四年成立）巻七には、つぎのような話が収められている。

布施金蔵という御番衆が就眠中、自分の魂が口から出るのを見て驚き、つかみ捕らえて口に押しもどそうともがく夢をみた。このときちょうど、ネズミが金蔵の枕もとに近づき、彼は無意識にこのネズミをつかみ、口に入れようとしていたのである。

すさまじいのは『太平記』（一四世紀後半成立）巻一五における、頼豪の説話である。彼は、三井寺戒壇院の勅許を妨げた比叡山の僧をうらんで憤死し、八万四〇〇〇匹のネズミと化して延暦寺の仏像・経巻を食いやぶった。

八万四〇〇〇のネズミにもし事実の背景があるとすれば、それはこの動物の異常発生であろう。さきにネズミの海渡りの説をあげたが、ネズミは遠距離遊泳の能力をもたない。多くは大発生の終幕において、海に突入したネズミ群の見あやまりである。伊予黒島の漁師が網でネズミを獲ったという橘成季『古今著聞集』（一二五四年成立）巻二〇の話も、おそらくおなじ。

人びとから親しまれ、福の神の使者として大切にされることがあるとしても、ネズミは信仰の対象として安定するには貫禄が不足気味である。時代がすすむにつれ、親愛のなかみは敬愛よりは愛玩に

図22　飼育愛玩用ハツカネズミの品種
『珍翫鼠艸』（1787年刊）

かたむく。

近世において、愛玩用のネズミの普及と品種改良がおおいに進捗した。一七八七年には、定延子が著わした『珍翫鼠艸』が出版されている。この本には、さまざまな型のハツカネズミの交配と遺伝のようすが記載された（図22）。百井塘雨は『笈埃随筆』（一七九〇年ごろ成立）巻一において「このごろ鼠を翫ぶ事流布して種々の奇鼠出す。白鼠は幸福の瑞なりとてこれを崇みけるも、今は夥しく世に出て人更にかへりみず。マダラブチの鼠を出す。黒白の鼠をとつがしめて是を造る。理外の理なり」と語っている。

けっきょくネズミは、イヌやネコとちがって人の友人ではない。愛玩から愛が去り、玩に集中するとき、この動物は、欲求不満の人物の慰みや見世物に転落した。橘春暉の『北窓瑣談』（一八世紀末成立か）後編巻一では、ネズミの肛門を縫い閉じて発狂させる話が述べられ、山崎美成の『提醒紀談』（一八五〇年刊）巻五においては、ネズミの後足に履をはかせ、熱炉の上に放って踊をならわせる方法が紹介されている。この玩用が実利に結びつくとき、近代科学の実験動物としてのネズミが誕生する。

引用文献

1　大島建彦：『お伽草子と民間文芸』民俗民芸双書一二　岩崎美術社　一九六七年
2　南方熊楠：鼠に関する民俗と信念『十二支考』三　平凡社・東洋文庫　一九七三年（初出は一九一三〜一九三〇年）
3　柳田国男：海上の道『定本柳田国男集』一　筑摩書房　一九六八年（初出は一九六一年）

鳥の妖怪

鳥の妖怪というと、まず思いあたるのはヌエである。『平家物語』（一三世紀後半成立）巻四に源頼政のヌエ退治の話がでてくるが、正確には彼が退治した鳥の名は明らかではない。近衛天皇を悩ました怪鳥の頭は猿、胴体は狸、尾は蛇、手足は虎の姿、そして鳴き声はヌエに似ていた。この怪鳥にはさまざまな動物の特性が接合されている。ヌエの飛翔能力と異様な鳴き声、虎の強力な腕と爪、蛇の不気味な気配、猿の奇怪な表情、それを狸がまとめる。中世の狸は、正体不明の山の怪物でもあった。これらの霊力を総合し凝縮した妖怪が、近衛天皇を悩ませた怪鳥だった（図23）。

図23　鵺を射る源頼政
『古今百物語評判』（1686年刊）

一般に動物妖怪の姿は、実在の動物の特定の形態を歪めたり、複数の動物（人類を含む）の特性を癒着したりして作りあげられる。外国の妖怪でも、ホメロスの『イリアス』第六歌にでてくるキマイラの身体の前部はライオン、中央は山羊、後部は蛇の形をしていた。『平家物語』の創作者が、まさか『イリアス』を知っていたわけではあるまい。両者の類似は、動物妖怪のイメージの根源を示す。

さてヌエの名は、まず『万葉集』（八世紀半ば過ぎ成立）に記された。ヌエを詠みこんだ歌は六首ほどあるが、多くは「ぬえどりのうらなく」という表現をとる。「ぬえ」は悲しそうに鳴くので、「うらなく」（心のうちに泣く）の枕詞になったらしい。その悲しげな声は、平安時代に入ると不吉な印象を人びとに与えるようになった。藤原忠実の日記『殿暦』には、一一一一年から一一一五年までのあいだに、ヌエ出現の記録が四回も収められた。藤原頼長の日記『台記』にも、一一四四年にヌエが出現したと書かれている。いずれの場合も、それが予兆する凶事を陰陽師に占わせたが、一一四四年の出現の占いの結果は、「火事口舌を慎むべし」だった。この年は近衛天皇の時代である。また『十訓抄』（一二五二年序）巻一〇―五六は、源頼政がヌエを射た話であるが、『平家物語』の説と違ってヌエは「ちいさき鳥」と記されており、怪物ではない。出現時期も、近衛の子＝高倉天皇のとき。『平家物語』の話は、近衛〜高倉期におけるヌエ事件の潤色だろう。なお、ヌエはトラツグミを指すという説が有力だが、伝承のなかの動物名を、現在の標準和名ときっちり対応させることには慎重であるべきだろう。

初期の天狗の正体が鳶だったというと、意外に思う人もいるかも知れない。『今昔物語集』（一一一〇年ごろ成立）巻二〇―三は、延喜（九〇一〜九二三年）の時代の天狗事件にかんする話である。京五条の柿の木の上に仏が姿を現わした。神々しい光を放ち、花を降らせるようすも尊く、貴賤が集まって伏拝した。そのとき源光は、これが天狗の仕業ではないかと疑い、二時間ほど仏を睨みつけていると、

図 24　鳥嘴天狗『天狗草紙』（14 世紀）

仏は翼を折った糞鳶の正体を露見し、木から落ちてしまった。おなじ『今昔物語集』巻二〇―一一においては、天狗が鳶の形で飛びまわるとはっきり述べられているから、一二世紀初期には、天狗の正体が鳶であると思われていたことは間違いない。

一四世紀成立の『天狗草紙』は、天狗が阿弥陀三尊と二五菩薩に化け、僧をだまして連れ去るシーンを描く。その天狗（図24）の姿を見ると、黒い頭髪をつけ顔も人のようだが、猛禽類特有の嘴をとがらせ、やはり猛禽類の翼を広げて空を飛んでいる。おそらく鳶のイメージと菩薩のイメージを接合したのだろう。一般に、鼻が長高い天狗の姿は江戸時代に入って盛行した。中世までの天狗の顔には猛禽類の嘴がついている。

江戸時代に入って、妖怪と結びついた鳥に鷺がある。『諸国百物語』（一六七七年刊）巻五―一七によれば、人びとは五位鷺を産女と見誤って恐れたという。産女とは、産死した女性の怨霊を指す。菊岡沾涼の『諸国里人談』

(一七四三年刊)巻三においては、姥火の正体は五位鷺だったとされた。姥火とは、姥の死霊が変化した火の玉を意味する。根岸鎮衛の『耳嚢』(一八一一年成立)巻七には、五位鷺が幽霊に化けたという話がでてくる。これらの噂話の五位鷺は、おそらく鷺の仲間ではあるが標準和名のゴイサギであったとは限らないだろう。

鷺がなぜ幽霊や人魂のたぐいの正体とされたかはわからない。しかし平安時代前期には、すでに鷺の出現が一種の怪異現象と受けとられていたふしがある。『日本三代実録』(九〇一年成立)巻五〇によると、八八七年に鷺の出現が陰陽師の占いの対象になった。占いの結果は「失火の事慎むべし」であった。その後も鷺の怪の記事は、枚挙の暇がないほど繰り返し現われる。中世になってもこの傾向は継続した。『宇治拾遺物語』(一二〇〇年ごろ成立)巻一四―一〇によれば、安部晴明は紙を白鷺に変えて飛ばし、藤原道長に危害を加えようとした者の居場所をつきとめた。江戸時代の五位鷺の怪談は、古代・中世の以上のような鷺にまつわる説話の延長上に生まれたのだろう。

鷺にはまた、しばしば変身のモチーフがからむ。景戒の『日本霊異記』(九世紀初期成立)巻中―一七では、仏像が鷺に変身した。安部晴明が紙を白鷺に変じた話、近世の五位鷺が産女や幽霊に化けた話はこの系統にも位置づけることができる。芸能の世界においても、鷺のふるまいは変身の伝統を継承した。歌舞伎の「鷺娘」は、一七六二年に市村座で二世瀬川菊之丞によりはじめて演じられた。以後さまざまな演出がなされたが、この舞踊には、白鷺の精が人の娘の姿で出現するという解釈と、許されぬ恋に苦悩する若い女性の心を白鷺の所作に託したとする解釈がある。いずれにせよ、舞い狂うなかで、主人公は激しく揺れる内面を衣装の転換と髪型の変化をつうじて表現する。私も、坂東玉三郎の「鷺娘」にうっとりと見惚れたことがある。

ムシの戦い

古い中国語で虫とは、広義には動物を意味する。したがってトラのことを大虫とよんだ例がある(5)。しかし一般的には、虫偏がつく動物が中国語の虫に属すると考えてよいだろう。

日本語のムシの意味は、中国語の虫とおなじではない。日本では、トラを虫の仲間にいれたりはしない。おそらく日本語のムシは、自然発生する(と思われていた)小動物の総称であった。そののち虫の訓がムシとされるようになり、それにしたがって虫偏がつく動物はムシとみなされやすくなった。ヘビは古くはムシのうちに入らなかった可能性がある。けれども中国語の蛇(虫偏がつく)が日本語のヘビに対応することが知られると、ヘビもムシ扱いにされることになった。マムシは、ムシのなかのムシである。ヘビのほかに、脊椎動物の爬虫類・両生類にふくまれる諸動物がいずれもムシであったことは、伊藤若沖の「池辺群虫図」(一七六六年)を見てもわかる。

ムシの意味をこのように理解すると、日本の説話においてもっとも重要なムシはヘビだ、ということになろう。古代の日本でひろく信仰されていた山神は、主としてヘビによって象徴されていた。『古事記』(七一二年成立)崇神記・『日本書紀』(七二〇年成立)崇神紀に登場する三輪山のオオモノヌシは、その代表的な例である。ところが神がみは、それぞれに固有の信仰圏をもっていた。ある神の信仰圏の人びとは、他の信仰圏の神を異神、さらには妖怪とみなす傾向があった。おなじヘビでも『日本書紀』景行紀の伊吹山のヘビは、その信仰圏の外から来たヤマトタケルにたいしては、妖怪としてふるまった。それはつぎのような神話である。

東征の帰途、ヤマトタケルが尾張をへて近江の伊吹山にさしかかると、その山の神がヘビの姿をとって行くてをはばむ。ヤマトタケルはヘビをまたいで通りすぎたが、山の神は怒って氷雨を降らせ彼を迷わせた。これが遠因となり、ヤマトタケルは健康を害し、やがて伊勢の能煩野で死去した。

このように信仰圏外のヘビ神は、妖怪と見なされやすい。そこでかりに一つの信仰圏の人びとが近接する信仰圏と対立し、しかもいずれの神もそれぞれの信仰圏内ではヘビ神と信じられている場合、どのような事態にいたるか。もちろんヘビ神がヘビの妖怪と闘うことになるだろう。ところが説話の世界では、同種の動物があい闘うという構成は安定しにくい。昔話においても、たとえばウサギがタヌキを謀殺したり、サルと競走をすることはあるが、ウサギどうしは争わない。そこでヘビ神についても、争う二匹のヘビのうち敵がわのものは、他の動物にすりかえられることがある。ではどのような動物とすりかえられるか。

ここで選ばれたのは、ヘビと共通点をもちながら、相違もまた目立ちやすい種類のムシであった。

それはムカデである。ムカデはヘビとおなじく毒ムシとされ、形態もまた細長い。他方、ヘビには足が一本もないのに、ムカデは数多くの足をもっている。この対照をうまく表現した説話を、『沙石集』（無住、一二八三年成立）巻五本—八からひとつあげておこう。

ムカデとヘビと一本足の山神が山に住んでいた。ムカデが山神にいわく。「私は百個以上の足をもっているが、多すぎると思ったことはない。お前は足を一本しかもっていないので、さぞかし歩きにくいだろう。あと九九個足をつけたらどうか」。これに答えて山神は言う。「私は足一本でおどり歩くことができて、なんの不自由もない。お前こそ、九九本の足を切りすてなさい」。そこでヘビが口をはさんだ。「私には足は一本もなく、百本もない。けれども腹で歩くので少しも不便も感じない。百本の足も、一本の足も切りすてなさい」。

ムカデが足の数においてヘビの対極にあることが、ここに鮮やかに示されている。

日光の神＝ヘビ　赤城の神＝ムカデ

さてヘビとムカデの戦いの話にはいろう。『日光山縁起』（一六一四年書写）からその一部を紹介する。

京都に有宇中将という公卿がいた。勘気をえて東国にくだり、都に帰ることもなく死去する。そののち有宇中将は下野国の鎮守の神、日光の男体権現としてヘビの姿で現われ、上野国の赤城大明神と争った。この争いのさなかに、有宇中将の孫にあたる小野猿丸が奥州から到着した。彼は女体権現が化身したシカにみちびかれて日光山にはいり、ムカデの姿をした赤城大明神の左眼を射通して、これを退却させた。なお女体権現は、猿丸の祖母、つまり有宇中将の妻の朝日の君が神になったのちの姿である。

以上の縁起は、日光山のがわに立って記録されたものであり、自方の主神はヘビ、敵方赤城山の異神は妖怪的なムカデによって象徴された。

ところで『日光山縁起』より二五〇年ほど前の、一三五〇年ごろに編集された『神道集』「日光権現事」では、「そもそも日光権現は下野国の鎮守なり。往昔に赤城の大明神と沼をあらそい、唵佐羅摩と語りたまいしことは、遥かに遠き昔なり」と書かれている。このばあい日光権現の動物態ついては、なにも示されていない。他方おなじ『神道集』の「赤城大明神事」においては、つぎのように語られる。

高野辺の大将家成という公卿が、上野国に流されてくる。奥方は、若君一人、姫君三人を産んだのち早逝する。若君は京にのぼり出世するが、継母は姫君三人を殺してしまおうと企む。山に逃げこんだ次女の姫君は、唵佐羅摩女にみちびかれ、赤城の沼の竜宮たどりつく。そして姫は、唵佐羅摩女の跡をついで赤城大明神として現われた。

この説話で注目すべき点が二つある。第一に唵佐羅摩女は、彼女が竜宮に住むところから判断すると、あきらかに竜神である。したがって、それをついだ次女の姫＝赤城大明神も竜神であろう。日本の説話のきまりでは、竜とヘビは同一視されるので、『神道集』が成立した一四世紀には、赤城の神はムカデではなくヘビだった、ということになる。第二に、貴志正造(3)が指摘するように、唵佐羅摩は小野猿丸の転訛と考えられる。そうすると唵佐羅摩女は、小野氏の女性を意味するはずである。小野氏は歴史上実在する一族であった。この小野一族が、「日光権現事」においては日光がわに荷担し、「赤城大明神事」では赤城の神の保護者の役目をはたす。すなわち下野と上野では、伝承の違いが存在した。

では赤城山神のヘビは、いつごろ、どのような理由でムカデになったのであろうか。赤城山神ムカデ説を記載した書物でもっとも著名なのは、林羅山の『二荒山神伝』(一六一七年成立)であり、日光山中の湖を日光のヘビ神と赤城のムカデ神が争ったとする。さきの『日光山縁起』の書写期をも考えあわせると、赤城山神をヘビでなくムカデとする説がはじまった時期の下限は近世初期、上限はおそらく室町時代と思われる。しかし赤城山神ムカデ説の普及に大いに貢献したのは、なんといっても羅山の本であろう。

羅山はいうまでもなく、徳川家の家学＝日本朱子学の創始者である。彼が家康廟のある日光がわの宣伝に力をいれたのは、けだし当然であろう。さらに羅山個人の性向だけでなく、近世において徳川家の権威が支配的であったあいだは、下野・日光がわが善・勝者であり、これと戦う上野・赤城がわが悪・敗者とみなされたのは、やむをえない。こうして赤城山神信仰圏においてさえ、この神がヘビの敵役のムカデと理解される傾向が生じた。一八三一年書写の『上野国赤城山御本地』では、家成は大ムカデに乗って後妻を攻撃したことになっている。この型の赤城山神本地譚は、福田晃(4)によれば、一七世紀後半に成立した。羅山の『二荒山神伝』が世にでた後のことである。

かくて『神道集』における赤城明神のヘビは、いまやムカデに改変された。ただし一八三七年書写の『上野国赤城山之本地』においては、家成はヘビに乗る。日光が恐懼すべき聖所であった時代に、赤城山神にたいする地元の人びとの見方は揺れ動いていたようである。

この状態は現在においても継続する。そのようすを、大島建彦(2)・若尾五雄(7)・池田秀夫(1)にしたがい、略述したい。赤城山麓のなかでも赤城の神にたいする信仰の篤い北・西麓の村むらでは、赤城山神がムカデだとする伝承はない。しかるにそこから少し離れた北隣・西隣の郡になると、ムカデ説があらわれる。また南・東麓にも、ムカデ説が普及している。とはいえおなじ場所でも、人びとのムカデにたいする態度はときに両義的であり、南麓の山寄りの村では、村人がムカデに会うと「ムカデ、ムカデ、赤城へ行け」と追う習俗があるが、おなじ村にムカデを彫った鳥居をもつ神社が存在するという。つまり日光優位の近世において、赤城がわの土地の人びとは、赤城山神にたいする信仰の親疎および地理的遠近におうじて、赤城山神ムカデ説に、さまざまに屈折した反応を示したのであろう。

俵藤太伝説

ヘビとムカデが戦い、人が前者に味方して後者を討つというたぐいの話は、じつは平安時代には知られていた。『今昔物語集』（一一一〇年ごろ成立）巻二六―九がそれである。

加賀国に住む漁師七人が海難にあい、離島に漂流する。そこに若い男が現われ酒食を提供したのち、「べつの島の主が明日攻め寄せてくるので助勢してくれないか」と漁師たちに頼む。翌日、沖合から一〇丈ばかりのムカデが泳ぎついた。島の山からは、おなじくらいの大きさのヘビが降りてきてこれを迎え撃ち、両者食いあったまま離れない。ムカデのほうは多くの手をもっているから、ヘビを掴んで食うので、ヘビが劣勢におちいった。そこで漁師たちは、ムカデにむかってさんざん矢を射かけ、さらに刀でムカデを切り殺した。漁師たちに助勢を依頼した男の正体はヘビ、敵対する島の主とはムカデだったのである。

この説話ですでに、ヘビとムカデはべつの（島の）山神であり、かつムカデのほうが悪役であった。つぎにヘビとムカデの争いが語られるのは、『太平記』（一四世紀後半成立）巻一五においてである。

一〇世紀に俵藤太秀郷という武勇をもって鳴る男がいた。あるとき秀郷が瀬田の大橋を渡ろうとすると、二〇丈もある大ヘビが橋のうえに横たわっている。秀郷は平然とヘビの背中を踏みつけて越えていった。やがて後ろからみすぼらしい男が彼に追いつき、「私は年来土地を争っている仇敵のために悩まされています。私を踏みつけて行くほどの豪胆な人にはまだ出あったことはありません。どうか私の敵を討ってください」と願う。秀郷は承諾し、ヘビに案内されて琵琶湖の水中にある竜宮に入る。夜半をすぎると、比良の山から大ムカデが攻めよせてきた。秀郷は一の矢、二の矢を射そんじたが、三の矢に唾をつけて射ると、その矢はムカデの眉間を抜き、ムカデは倒れた。秀郷はお礼に赤銅の鐘をはじめ、多くの宝物をもらって都に帰り、鐘は三井寺に寄付した。

室町時代のお伽草子にも『俵藤太物語』があるが、内容は『太平記』のものとほとんど変わらない。ただしお伽草子では、ヘビは人の女性の姿で秀郷のまえに現われ、またムカデの本拠は比良山ではなく、三上山となっている。

ところが秀郷ムカデ退治の類話が、これらに先だち『古事談』(源顕兼、一二一三年ごろ成立)巻五—三四に伝えられていた。

むかし粟津冠者という武士が、建立する堂の鐘の材料をもとめ、出雲をめざし渡航していた。海中で大風が吹き、船が沈みそうになった。そのとき、小童が小船とともに現われ、冠者を乗せてそのまま海底の竜宮につれていった。ここで冠者は、竜王の依頼により、敵の大ヘビを射殺し、お礼

図25 ヘビを射る俵藤太『俵藤太絵巻』(室町時代)

に竜宮寺の鐘をもらいうけ、帰国後建立した堂の鐘とした。その鐘は、のち三井寺に移された。

さきに述べたとおり、日本の説話ではほとんど竜はヘビに等しい。したがって粟津冠者の物語では、ヘビとヘビがあい闘う。しかし同種の動物どうしの争いは、説話の世界では安定しにくい。そこで粟津冠者の話が俵藤太伝説に変異発展した段階で、敵方のヘビはその妖怪的な類似物であるムカデに変えられたのであろう。それでもなお、室町時代の『俵藤太絵巻』では、秀郷が射殺したのは比良山の大ヘビになっており、絵にもそのように描かれている。

俵藤太伝説の原型は、おそらくヘビを象徴とする二つの神のあいだの争いの説話であった。『俵藤太絵巻』のほうには、その原型が残存した、と考えられる。けれども全般の趨勢としては、味方の神＝ヘビ、敵方の神＝ムカデの方向に、人びとの観念が傾斜しつつあったことは否定できない。

さて近江における比良山・三上山のムカデ退治伝説と、

北関東における赤城山のムカデ退治伝説の構造の一致は、偶然であるとは思われない。この符合については、有力な説明が提出されている。柳田国男(6)は、近江日野を本拠とする蒲生氏が秀郷伝説を下野に伝えたのではないか、と推定する。より具体的には、蒲生氏郷は俵藤太に傾倒していた。さらに氏郷の子の秀行が宇都宮に封じられたときに、そのような伝播がなされた、と主張する。しかし秀行が宇都宮にあったのは、一五九八年から一六〇一年のあいだであり、一六一四年には『日光山縁起』が書写されているのだから、もう少し前に近江の伝説が下野に伝わったとすべきではないだろうか。

以上の事情にくわえて、下野がわにも俵藤太伝説を容易に受容する素地があらかじめそなわっていた。俵藤太こと田原秀郷の父は下野の大掾、母は下野の掾の娘、秀郷自身ものち下野守となり、この地方で子孫が栄えた。

一言でしめくくると、ヘビは神でも妖怪でもありえるが、ムカデのイメージは原則として妖怪である。ただ例外として、『金玉ねぢふくさ』(章花堂、一七〇四年)巻七―三のように、人がヘビに襲われムカデに救われる話もある。これは、ムカデがヘビの敵対者であるという要素のみを抽出して構成した創作であろう。日本人のムカデ・イメージに合致せず、伝説化することはなかった。

ムシの合戦

ヘビの敵手というと、だれでもナメクジを思いだす。ナメクジがヘビの天敵だとする伝承がいつごろはじまったのか、管見のおよぶかぎりではわからない。ただし戦国時代の終わりごろには、この伝承はつたえられていたらしい。『義残後覚』（愚軒、一五九〇年代成立）巻二―一二は、ナメクジがヘビをたおす話である。また『金玉ねぢぶくさ』（一七〇四年刊）巻七―二の説話は、もう少し手がこんでいる。

ある家の庭の泉水のほとりに、ヘビが多く集まり、毎日カエルを食っている。ところがいつのころからか、ヘビの死骸があちこちに見られるようになった。家の主人が不思議に思って観察していると、三足のカエルが現われてしきりに鳴く。その声にさそわれヘビが出てきて、カエルにとびついた。カエルが食われてしまったかと思うと、逆にヘビが死んでしまい、カエルは平気で鳴きながら動いていく。しらべてみると、このカエルはほんとうは三足ではなく、前足の一本に小さなナメクジをはさみ、襲ってくるヘビの口にさしこんでいた。ヘビは、このナメクジの毒にあたって死んだのであった。

ヘビからはなれて、もろもろのムシのあいだの戦いの物語としては、一七世紀の『諸虫太平記』が知られている。これは室町時代以来流行した異類合戦物とよばれるジャンルにぞくし、民話ではなく創作戯話であった。

皇子をいでて遠からず、蝉丸の末葉セミの六郎音高は、クモの悪太郎足数に一子をとられる。そこでおなじようにクモの害をこうむっている諸虫を糾合し、大織冠藤原鎌足の庶流カマキリ大臣を軍師にむかえ、クモに戦いをいどむ。

という筋書きである。しかしスペースの関係で、戦いの経過については省略せざるをえない。これと同工異曲であるが、内容に起伏にとむ『虫合戦物語』(安勝子、一七二九年刊)をやや詳しく紹介しよう。

草村国のあるじカマキリ大臣とその奥方ハタオリ御前のあいだに産まれたタマムシ姫が、ホタルの君と結ばれる。これを恨みに思ったのが、タマムシ姫に横恋慕していた築山国のあるじ土クモ。一族郎党を引きつれ、草村国に攻めよせる。土クモ勢のなかから黒がねのムカデ左衛門が進みいで、それを俵兵太コメムシが迎えうつ。コメムシが弓の矢の根に唾をはきかけ、引きしぼって放つ矢を、ムカデは眉間にうけとめ大地にどうと倒れる。つぎに寄せ手のゲジゲジ平蔵足広を、カマキリ方の蜂屋ジカの守が討ちとる。このようにして土クモは味方のムシどもを多く失い、力なく一度は落のびた。

以上は第一ラウンドであるが、カマキリと土クモの戦いは、計五度におよぶ。

第二回戦。土クモは単身ひそかにタマムシ姫の部屋に忍びこんだところ、ヒトリムシに首を打ち落とされ死ぬ。

第三回戦。殺された土クモの霊は、ツツガムシに生まれかわり、タマムシ姫を誘拐して、伊賀の守クリムシに警固させる。そこにカマキリ大臣から頼まれたワレカラが、クリムシをだまし撃ち首尾よくタマムシ姫を連れ帰る。

第四回戦。ツツガムシの眷族＝ヘマムシが大入道に化け、草村国に現われ、カマキリ大臣を悩ます。そこで俵兵太コメムシとヌカムシが、これを討ちとった。ヘマムシはほんとうはムシの仲間ではなかったので、正体を見た草村国のムシたちは大笑いした（ヘマムシは「ヘマムシヨ」の五文字で入道の顔を描く文字遊びに由来）。

第五回戦。それでもツツガムシがはびこるので、ホタルの君は坂田のヤモリに留守をたのみ、ツツガムシ退治のためみずから出陣し、見事その首をとる。

このように他愛のない話であるが、登場人物ならぬ虫物は両陣営それぞれ約三五種類、その他約一〇種類、計約八〇種類におよぶ。そして文中に駄洒落やパロディを連発して、読者にたいしサーヴィスにつとめる。俵兵太コメムシがムカデ左衛門を射殺すのが、俵藤太伝説のパロディであることは言うまでもない。駄洒落の例を一つあげよう。ツツガムシが臣下のアブの忠告を無視し、これを殺したため自分の身が危うくなり、ついにホタルの君に討たれる始末になった。ここからアブナイという言葉がはじまった。

ともかくもムシたちは、日本人が畏敬・忌避・笑いなど、さまざまな心を託してきた生きものであった、と結論して筆をおこう。

引用文献

（1）池田秀夫：赤城と日光の神戦　乾克己他編『日本伝奇伝説大事典』角川書店　一九八七年　一三～一四
（2）大島建彦：『お伽草子と民間文芸』民俗民芸双書二三　岩崎美術社　一九六七年
（3）貴志正造：貴志訳『神道集』平凡社・東洋文庫　一九七二年
（4）福田晃：『中世語り物文芸』三弥井書店　一九八一年
（5）南方熊楠：虎に関する史話と伝説、民俗『十二支考』1　平凡社・東洋文庫　一九七二年　三～九一（初出は一九一四年）
（6）柳田国男：神を助けた話『定本柳田国男集』一二　筑摩書房　一九六九年　一六八～二一一（初出は一九二〇年）
（7）若尾五雄：『鬼伝説の研究』大和書房　一九八一年

IV

江戸時代の動物妖怪

はじめに、現在の動物妖怪イメージの定着期についてふれておこう。太刀川清(2)によれば、『伽婢子』(浅井了意、一六六六年刊)から『近代百物語』(一七七〇年刊)にいたるまでの一四編の怪談集にあらわれ、怪異を発する動物の種類を多い順にあげると、つぎのようになる。すなわちキツネ三〇話、タヌキ(ムジナをふくむ)一五話、ネコ一二話、ヘビ一一話、クモ六話、サル五話、カワウソ・ネズミ各四話。動物そのものではないが、動物的妖怪の話は、鬼二二話、天狗一二話となる。

これを一見して、近世に妖怪視された動物は、現在の民話で人に化ける動物とほぼ一致することがわかるだろう。ところが、動物的妖怪については、鬼と天狗がさかんに活躍するのに、河童の姿がまったく見あたらない。これは意外に思われる。じつは河童の怪異譚は一例だけあるのだが、太刀川の分類では、カワウソの話のなかに繰りこまれている。

いずれにせよ河童は、近世前半まではあまり派手にはふるまわなかったと見なしてよい。そのせいにするつもりはないが、水棲の動物妖怪・動物的妖怪についてはのちに論じるとして、さしあたり陸棲の動物妖怪、とくにキツネ・タヌキ・サルの怪異について、話例をあげながら見ていこう。ただし河童の行動も、念頭にはとどめておく。
動物が怪異をふるうとき、その方法はおおまかにいって二つにわかたれる。一つは、人にたいし外から攻撃したり、いたずらをしたりする方法であり、あと一つは、人に憑いて内部から危険な状態や奇妙なようすを誘発する方法である(4)。後者の方法をしばしば選ぶ動物はキツネであった。『太平百物語』(祐佐、一七三二年刊)巻二―一九を例にあげよう。

京堀川の仏具屋の召使が、所用の途中に因幡薬師の門前をとおった。この男、宿に帰ったあと裏口に出て大笑いする。仏具屋の主人が怪しみ問うと、召使は「自分は因幡薬師の近くに住むものだが、昨日数のなかで気持よく寝ていたところを驚かしたものがいた。恨めしく思っていたおりに、たまたま前を通りすぎる男がいたので、彼が昨日いたずらした男だと思って憑いたのだが、人違いだった。それがおかしいから笑うのだ」と言う。そこで山伏を招いて祈祷をしてもらうと、男は急に苦しみはじめ「ゆるしたまえ」と叫び、表へ出て倒れた。彼は翌日になって、本心に復した。

このばあい仏具屋の召使は、一過性の憑依状態におちいったにすぎず、重篤な障害が生じたわけではない。しかし『老媼茶話』(松風庵寒流、一七四二年序)の「飯綱の法」では、キツネに憑かれた娘は、半死半生のまま何日も経過している。この例でわかるとおり、一過性の精神医学的な憑依症状にかぎらず、心身のさまざまな病症が、キツネ憑きの結果と判断されることがあった。

もちろんキツネも人にたいし外から攻撃することがあるが、上記のように人の内部に入りこんでこれを苦しめ、ときには生命を危うくすることも少なくなかった。

キツネと対比してタヌキについてしらべると、近世においてタヌキが人に憑いた例はほとんど語られていない。こちらの動物は、主として人を外部から攻撃する。『怪談登志男』(山本好阿、一七四九年序)巻二―七を要約しよう。

江戸の陸野見道というはやりの医師が、番町あたりの沢氏と称する人にたのまれて往診にいく。座敷にとおされ、小僧が茶をはこんできたので声をかけたところ、ふりかえった小僧の顔の大きさは三尺ばかり、眼は一つだけ額の中央にあり、口はおおきく裂けて、見道を見かえして消えた。まもなく治療を受けに入ってきた主人にこのことを告げると、「そのものの顔はこうではなかったか」と答える。見れば、顔の大きさ三尺、口は耳元まで裂け一眼が額に光る。肝をつぶした見道は家から逃げだし、待たせておいた草履とりの顔を見ると、面は三尺あまり、目は日月のように輝き、口からは火がふきだしていた。見道は恐ろしくて失神してしまう。見道の使用人が、主人の帰りがおそいのを心配して探したところ、薮道に倒れていた。これは古タヌキのしわざだった。

読者はすぐ気づかれるとおり、この話はラフカディオ・ハーンの『怪談』(一九〇四年刊)所収「むじな」の先駆形である。ともかくもタヌキは、ふつうこのように人にたいし外部から攻撃し、近世末まで人に憑くことはほとんどない。

では、なぜキツネは人の内部に入って苦しめることができ、タヌキはその能力をもたず、もっぱら外部から人に危害をくわえるのであろうか。

古来神は、人を選ばずに憑いたわけではない。神は託宣をおこなうときに、シャーマンや巫女に憑いた。たとえば『日本書紀』（七二〇年成立）崇神紀において、三輪山のヘビ神オオモノヌシは巫女のヤマトトトビモモソヒメに憑いて、疫病流行を終息させる方法を教えた。しかしこのヘビ神は、そののちモモソヒメに憑いてとり殺した形跡がある。一般に古くは、神が祟るとき、その信仰の中心にあるものにたいしては憑いて祟り、信仰域にあっても神との関係が稀薄なもの、とくに信仰の域外にあるものにたいしては、憑かずに祟るという態度を示した。そして憑かずに祟る神は、信仰域外の人びとからは妖怪視されたであろう。この相違は、時代がくだるにつれて乱れてきたが、今もなお神や霊は、パーソナルな関係にあるものには憑いて祟りやすい。

このような理解にもとづいて考えると、説話のキツネは、信仰される神としての性質をつよく残していることがわかるであろう。中世以降、キツネは稲荷の神使とされてきたし、それより前からキツネ神は、農耕神として信仰の対象になっていた。他方、『玉藻の草紙』（室町時代成立）に描かれた妖狐の伝統も無視できない。かくてキツネには、神の要素と妖怪の要素が混在し、時と所に応じて一方が優位になって現われるが、その場合でも他方の要素をいくらか見せてしまう。ところがタヌキには、神的要素は存在しないも同然であり、近世前半まではほとんど妖怪そのものであった。

現在ではタヌキは、キツネよりも愚かで、いくらか滑稽な化けかたしかできないという印象をあたえているが、これは近世後半になって優位になったタヌキのイメージである。そしてこのイメージにおいても、タヌキは神らしくない。近世前半までのタヌキが主として狭義の妖怪であり、それを凶怪とよぶとすれば、近世後半以後の狸妖の多くは、愚怪・戯怪とでも名づけるべき存在だろう。

とはいえ現在でも、タヌキはキツネよりも凶悪だと思われている地方がある。進藤孝一(1)によれば、秋田の山村ではキツネは人をだましはするが、両者の関係はほほえましい付きあいである。しかしタヌキにだまされると、命を失うことさえある。凶怪としてのタヌキは、岩手県出身の宮沢賢治の童話「蜘蛛となめくじと狸」(一九二二年ごろ成立)にも描かれている。原文の思想とおもしろさを再現する余裕はないが、ようするにタヌキは、山ネコ大明神さまのおぼしめしと称し、「ナマネコ、ナマネコ」と唱えながら、ウサギとオオカミを頭からかじって食ってしまう。

タヌキの怪異譚をあと二つ示しておく。一つには、近世の話ではないが、タヌキの古いイメージをよくあらわす『古今著聞集』(一二五四年成立)巻一七―六〇三をあげよう。

京の水無瀬山の古い池に化けものが住んでおり、多くの人を池のなかに引きずりこんで殺した。源仲俊がその池に行くと、ま夜中になって池のなかに光が出現し、正体不明のものが仲俊のそばの松の木の上に飛び移った。近くで見ると、老婆がにたにたと笑っており、仲俊を池のなかに引きずりこもうとする。必死にこらえた仲俊がこの老婆を腰の刀で刺すと、タヌキの正体をあらわした。

空中を飛んだり、人を水中に引きいれたりするこのタヌキは、どうもタヌキらしくない。私は、中世まで狸と書かれ、たぬきとよばれていた動物は、動物学上のタヌキではなく、山中に住み怪異をふるう中型獣類の総称だったと考えている(3)(4)。それにしても、人にたいするこの妖怪の攻撃方法が水中に引きこむことであった点は、注目にあたいする。

つぎに『御伽物語』(荻田安静、一六七七年刊)巻三—三におけるタヌキの行動をしらべよう。

ある武士の奥方が厠に行くと、毛が生えた柔らかな手が彼女の局所をなでる。そこで彼女は夫と相談して小刀を衣の下にかくし、あらためて厠に入ると、また何ものかが手をさしだした。奥方がその手を切りとって観察したところ、それはタヌキの前足だった。つぎの夜、戸をたたくものがあるので「誰か」ととがめると、「昨夜手を失ったタヌキでございます。ご立腹でしょうが、どうか許して手を返してください」と言う。武士が「いちど切りはなれた手は、もうつながらないだろう」と問うと、タヌキが「手をつぐ方法があります」と答えるので、武士は、手接ぎの秘薬の調合法を教えてもらうことを条件に、タヌキに手を返した。

タヌキの手の話は、もう少し古くから伝えられていた。『古今著聞集』巻一七—六〇七は、丹波で人をとり殺していたタヌキが、堂の丈ほどある法師に化け、毛がむくむく生えた腕を障子からさしいれて豪傑の顔をなで、かえって捕えられる話である。『御伽物語』のタヌキの話は、あるいはこの種の説話の延長上に発展したのかも知れない。いずれにせよ近世前半までの凶悪なタヌキにも、すでに戯怪的な一面があったことが確認できる。

タヌキの凶怪的要素・戯怪的要素は、河童に転移した可能性がある。現在の民話において河童は、人を水中に引きいれたり、切られた手の返却の条件として、河童の膏薬の秘伝を人に教えたりする。さいごに近世におけるサルの怪異譚について述べよう。まず『御伽空穂猿』(山本好阿、一七四〇年刊)巻二―六を紹介する。

伊予松山の福島家の厠に妖怪がでるという。そこで塙団右衛門が退治にでかけ、厠の戸を押しひらくと、五〜六歳の子供だが眼は照る星のごとく、面は朱をそそいだようにまっ赤な化けものが飛びかかってきた。団右衛門はうしろから首筋をつかんで引きよせ、しばりつけて屋敷に帰った。しらべてみると、百歳もへた古サルだった。

『太平百物語』巻五―四三もその類話である。ただし場所は能登、武士の名は幾田八十八、サルの化けものは厠に入るだけでなく、八十八の尻をなでた。この点では『太平百物語』のサルのほうが、さきの『御伽物語』のタヌキの話に近い。こうして、厠において人の尻をなでる行為において、タヌキとサルは共通性を示したのである。ここにタヌキ―サル―河童というイメージの連鎖が見えてくる。

つぎに水地の動物妖怪・動物的妖怪の話に移りたい。『古事記』（七一二年成立）巻上・『日本書紀』神代記・『出雲国風土記』（八世紀前半成立）を通覧すると、古代において、海に住む神怪な動物はわにまたは竜とよばれていたことがわかる。この点について詳しくは、拙著⑶で述べたから、ここでは繰り返さない。そののち竜はヘビと習合し、ヘビを描いたはずの絵像が竜の姿になっている場合が多い。ただし、この種の竜は海には現われず、淡水の特産である。

ではわにはその後どこかへ消えたのだろうか。じつは『今昔物語集』（一一一〇年ごろ成立）巻二九―三一、『宇治拾遺物語』（一二〇〇年ごろ成立）巻三―七において、この怪物はちらりと姿を現わす。中世初期の僧＝明恵の夢に現れたわには、頭に一角を生やした魚類であった（『明恵上人夢記』一二〇六年六月六日夜の夢）。さらには、江戸時代においてもわにの説話が登場する。『善悪報はなし』（一六九〇年ごろ刊）巻二―八は、つぎのような話である。

三〇～四〇人を乗せた船が、沖合で急に動かなくなってしまう。あたりを見ると、長さ五尋ほどのわにが五〇～六〇匹も船のまわりをとりかこんでいる。そのとき水手の一人が、「この船のなかにわにに魅いられた人がいる。各自が所持している鼻紙を海におとせば、わには魅いった人の鼻紙だけを引きこむ。その人を海に投げいれれば、わには退いて船も走りはじめるはずだ」と告げた。そこでわにに魅いられたと判断された男が、むりやり海に沈められ、船は動きだした。

この説話の挿絵のわに（図26）を見ると、大ナマズか髭のある大ウナギのような形態を示す。やはりサメなど特定の魚類と同定することは困難である。これとほぼ同時期に発表された『奇異雑談集』（一六九一年刊）巻三において、人を海中に引き入れる怪物は入道わに（図27）とよばれている。近世にあっても、わにのイメージは不定であった。

『諸国百物語』（一六七七年刊）巻五―三もその類話であるが、船をとめたのはわにではなく海豚《ふ》魚《か》であった。ふかはサメの異称とするのが現在の常識だから、このふかはサメだろうと思いたくなる。しかし図を見ればわかることだが、わにとおなじく種を特定できない怪魚である。それに『大和本草』（貝原益軒、一七〇九年刊）巻一三によれば、海豚の訓はいるか。もちろん図の海豚魚は、イルカにも似ていない。

ようするに近世前半のわには、海に住む妖怪的動物と見なされ、そのイメージは多様で固定

図27　女性を人を海に引き込もうとする入道わに『奇異雑談集』（1691年頃刊）

図26　人を海に引き込むわに『善悪報はなし』（1690年頃刊）

していなかったのである。ただし、それは古代のわにとことなり、海彼に住みサチをもたらす海神の動物象徴ではない。それは、海岸からそれほどはなれていない海中に生活し、人に危害をくわえようとする動物と理解された。

つぎに、淡水に住む動物の妖怪談をしらべよう。まずカワウソの話をとりあげる。はじめに『太平百物語』巻五—四六を見よう。

讃岐の国の山城屋甚右衛門という富農の下人の孫八が田を耕しに行くと、主人の子の甚太郎が遊んでおり、孫八に相撲をいどむ。孫八がわざと負けてやると、甚太郎は大いに喜んで帰った。ところがじつは、当日甚太郎は家から出ていなかったのである。そこで翌日、孫八がおなじ場所で待っていた。やがてふたたび甚太郎が出現し、「相撲をとらん」と言う。孫八は今度は本気になって岩角めがけて投げつけると、甚太郎は頭をくだかれ水に流されて死んだが、その正体はカワウソであった。さてその夜、孫八にモノが憑いて、「憎や、わが夫をよくも殺しぬ」と叫ぶので、修験者を招いて祈祷をし、ようやく憑きをおとすことができた。憑いたのは、殺されたカワウソの妻であった。そののち孫八は心身とも衰えてしまった。

つぎに『御伽厚化粧』（筆天斎、一七三四年刊）巻五—一四を紹介する。

安那宇という山中の村で、窟のなかから身長九尺ほどの大坊主があらわれ、庄屋の息子の松兵衛を窟内の沼に引きこんだ。そこで国主は部下を動員して、これを鉄砲で射殺した。正体は千歳をへた大カワウソであった。

カワウソのほか、淡水に人を引き込む動物としてはカメとスッポンが知られていた。『尤の草紙』(斉藤徳元、一六三二年刊)巻下においては、カメが小児を川に引き入れた。『二川随筆』(細川宗春・山川素石、一七二五年ごろ成立)巻二においては、姫路の曽宇志屋大明神の前の池のスッポンが、人身御供を要求した。

ここで海・湖沼・川淵など水地の意味について、私見をのべておきたい。その意味は三重である。第一に、水地は現実の海・湖沼・川淵であった。それは農耕の水利、漁撈、交通の便などによって人びとにサチをもたらす。しかし他方、不用意に入りこむと死を招く危険な場所でもある。第二に、海の彼方、または湖底・川淵などには竜宮が存在し、招かれた人にサチを与える。この第二の意味が、第一の意味の前半、つまりサチをもたらす現実の水地の認識と接続することは言うまでもない。

ところが第三に、海・湖沼・川淵のふかい水底は、不気味で実態のうかがい知れない異域と見なされることもあった。異域としての水地は、第一の意味の後半、すなわち危険な水地いう認識につながる。そして竜宮説話が架空のものとみなされていくにつれて、第三の意味が第二の意味を圧倒し、海・湖沼・

川淵に住む霊的動物が人を引きいれる目的も、歓待ではなく加害であると解釈されるようになった。
海のわに・竜、陸水のカワウソ・スッポンなどは、これら多義的な水地の意味に応じて多義的にふるまう。やがてカワウソ・スッポンの系譜を受け、また前記のタヌキ・サルの血統をも併せて河童が誕生した。そして近世後期にはその活躍はピークに達する。

文献

（1）進藤孝一：秋田の山獣俗信　山村民俗の会編『狩猟』エンタープライズ　一九八九年　一一三～一一六
（2）太刀川清：『近世怪異小説研究』笠間書院　一九七九年
（3）中村禎里：『日本人の動物観』海鳴社　一九八四年（ビイング・ネット・プレス　二〇〇六年再刊）
（4）中村禎里：『狸とその世界』朝日新聞社　一九九〇年

西鶴と動物・器物の妖怪

西鶴は、『西鶴諸国ばなし』（一六八五年刊）の序で「人は化物」と述べている。『好色五人女』（一六八六年刊）巻二においても「世に恐ろしきは人間、化けて命を取れり。心はおのづから闇なれや」と感想を記した。他方西鶴は「世の中に化物と後家立てすます女なし」（『好色五人女』巻五）、「世になき物は郷の刀と化物と人の内証に金銀ぞかし」（『懐硯』［一六八七年刊］巻五）と言う。そうすると彼が「化物なし」と断じるときの「化物」は、動物・植物・器物の妖怪に限定されることになる。もちろん西鶴の作品は創作だから、そこに論理一貫性をもとめるのは筋違いだろう。しかし彼の作品（私が見たのは好色系諸草子と『西鶴諸国ばなし』・『懐硯』）を通覧して思うに、人に比べれば動物・植物・器物の妖怪性など物の数ではない、というのが西鶴の本音だったのではないか。

現代の生物学の知識にてらして考えると、悪知恵をしぼり、策略をねり、演技をこころみて他人をたぶらかす能力は、人類においてずばぬけて発達した大脳皮質の機能のたまものである。あるいは、他人を陥れるためにしぼりぬいた悪知恵が、かえって被害予定者に幸運や歓喜をもたらすこともある。逆に、善い知恵を働かせたつもりなのに、それが裏目にでて自他を不幸・悲惨な状況におとしいれる場合も数多い。見事に生き、いさぎよく死を選んだ男女の姿をも、西鶴はきっちりと書き込んだ。悪徳のみならず、人の錯誤・滑稽・崇高はすべて、大脳皮質の極度の発達にともなう心の自由度拡大に由来する。人は、かかるがゆえに化物なのである。西鶴はもちろん大脳生理学や進化論の成果を知るべき時代には生きていなかった。しかし人の心のこのような特性を、卓越した人間観察力・洞察力によってよく知っていたのだ。

動物は人に比べるとほとんど化物ではないのだから、その怪を描くさいにも、読者に深刻な恐怖は感じさせない例が多い。『懐硯』巻二においては、真夜中の葛の葉神社に集まる和泉の無官の狐に、伏見稲荷の狐の使者が官位を与える場面が出てくる。それを伴山が見ていたのだが、すこしも恐ろしくはなく、むしろ可笑しかったに違いない。いうまでもなく、伏見稲荷が各地の稲荷社に「正一位稲荷大明神」の称号を与える現実の仕組みのパロディである。集まった無官の狐どもは、紀貫之・坊主・美少年・遊女・無頼男・椿の木・銭箱などに化けて見せた。『諸艶大鑑』（一六八四年刊）巻三には、老婆に化けた狐が登場する。この狐は、島原の女郎たちの行状を悉知していた。たしかに女郎たちには迷惑千番だっただろうが、読者はべつに怖いとは思わない。

もう少し怪異とよぶにふさわしい狐の行為は、『西鶴諸国ばなし』巻一に出る。播磨姫路城に住む於佐賀部狐の子分の一匹が、男に石を投げられて殺された。すると、於佐賀部狐の子分たちは人に化け、さまざまな策をもちいて男の一族の頭をことごとく剃り落としてしまった。仲間が殺されたことへの報復としては、どうも他愛ない。

『西鶴諸国ばなし』巻四における狸の怪を一つ。人形浄瑠璃一座の楽屋番が、夜になって寝込んでいたところ物音で目を覚ますと、人形どもが争ったり色事のまねをしたりしていた。つぎの日に床下を狩りたてられ、劫を経た狸どもが飛び出して逃げていった。これもまた、子供だましのようなものだ。狐狸の怪は、あと一つ『好色五人女』巻二に記されている。大阪天満の七つの化物、すなわち傘火・手なし児・逆女・首しめ縄・泣坊主・笑い猫・唐臼、「これ皆、年を重ねし狐狸の業ぞかし」。こう述べた後すぐ、先に紹介した「世に恐ろしきは人間」という表現が続く。

近世の代表的な動物妖怪＝狐狸にたいする西鶴のイメージは、このようなものだった。ここで注目すべき件がある。それは、西鶴の作品では器物の妖怪現象が狐狸の業にしばしば帰せられることだ。『好色五人女』巻二で狐狸の類が傘火・首しめ縄・唐臼に化け、『懐硯』巻二においては狐が銭箱に化けた。人びとが器物の怪を思いついた根拠はいくつもあるだろう。器物の怪は、人と器物のあいだのネガティブな関連に由来する。この種の妖怪は、『土蜘蛛草紙』（一四世紀成立）・『百鬼夜行絵巻』（一五〜一六世紀成立）・『付喪神絵巻』（一六世紀成立）に出現するが、『付喪神絵巻』の詞書によれば、人から見放された古器物が怨みをはらすために怪異を働いた。それに、もともと古い器物が妖怪化するという伝承があったらしい。

西鶴にも、動物妖怪にかかわりない器物の妖怪が描かれた例がないではない。『西鶴諸国ばなし』巻二の女乗物の怪、『好色一代女』（一六八六年刊）巻三における女人形の怪がそれである。これらには、女性の生霊または死霊が取り憑いたのであろう。前者においては乗物のなかの女性の体から蛇が出てくる。蛇は古来、人の霊の可視的な形態でもあった。文献的には、その例は『日本書紀』（七二〇年成立）仁徳紀の田道のケースにはじまる。やがて仏教が本格的に流入すると、畜生界の観念と習合して蛇型の人霊は盛行した。女人形の怪も、話の筋から見て女性の霊の働きと推定されよう。

話を進めると、先行する器物の怪と異なり、動物が器物に化けると説く型の西鶴の話の根底には、怪異の領域を狭める西鶴の合理主義が据えられていたのではないだろうか。彼がそのことを意識していたかどうかは別問題だが。『西鶴諸国ばなし』巻一では、紀州から風とともに吹き飛んできた傘を、肥後の山奥の人びとが伊勢内宮のご神体と誤解し、社を造って祀る。巫女を供えよという託宣があったので、色っぽい後家が傘を男根に見立て社にこもったが、神様はなんの情けもほどこしてくれなかった。彼女は腹を立て、ご神体の傘を引き破ってしまった。呵呵大笑。「神様の正体見たり」というわけだ。妖怪は、論理的には神のマイナスの機能を実体化して造作された存在である。神も妖怪も根源においては一体というべきだろう。そうしてみると、この話は「化物の正体見たり」の結論に転換できる。

歴史的にさかのぼれば、器物の怪に、無生物も霊を含むとみなすアニミズムの観念があとをひいている可能性も無視できない。高文化の時代になると、人類・動物・植物・無生物を生命・精神原理所有の有無、所有する生命・精神原理の種類によって区別する思想が現われる。紀元前においてすでに、ギリシャや中国ではその思想が明確に公式化された。日本においては、人と動物のあいだに連続性を認める伝統がつよい。また、近世より前には論理的な学問は生まれなかったので、人類から無生物までの四者を原理的に分類するオリジナルな公式は提出されなかった。ただし、たとえば平安時代後期成立の『今昔物語集』で語られる人類・動物・植物の属性を総覧すると、つぎのような区分が浮かびあがってくる。人は智・情を持つ。動物は智を持たないが情を持つ。植物・無生物は智・情のいずれも持たない。日本の知識人は、ながらく暗黙理に、このたぐいの認識をいだいていたのではないだろうか。そして、所有する生命・精神原理において劣る存在ほど霊異を発揮する能力に欠ける、という考えがあり得た。

西鶴に話を戻すと、もともと生命をもたない器物の怪を、人についで霊力のレベルが高い動物の仕業に帰した。のみならず、狐狸の怪異にも懐疑的だったのかも知れない。ようするに動物・植物・器物の怪は、伝承を素材とした作りばなし。好色男女の話も作りばなしには違いないが、彼・彼女たちは実在する人間どもの本質をやどす誇張類型化、または修飾変形の産物であった。やはり、人をうわまわる化物は世に存在しない。

以上のほか、西鶴の動物怪異には『西鶴諸国ばなし』巻二の海中から現われ舟を呑む蛇蝎、同書巻三の茶臼の心木の穴から出てきて昇天した蛇がある。さらに同書巻四には、ある漁夫が飼育した雌鯉が彼の新妻に嫉妬し、自ら女性に化けて彼女を脅す話が語られた。蛇は狐狸が妖怪として登場する前から怪異を発した経歴をもち、また上記二話の蛇は竜と習合した姿を示す。鯉をふくむ魚類の怪はめずらしい。西鶴の作品に現われる動物の怪異で例外的に恐ろしいのは、『西鶴諸国ばなし』巻一の守宮の怪である。延暦寺の札板の下に釘で打ちつけられていた守宮の生霊が、黒い女に化けて御所の奥方を悩ませた。動物は智はもたないけれども情をもつとすれば、その霊が祟ることもあるだろう。

図 28　世之助が騙した女性の霊魂
『好色一代男』（1682 年刊）巻 4

西鶴の作品には、人の動物型生霊・死霊の怪異談がいくつか含まれるが、一つだけ取りあげて検討する。『好色一代男』（一六八二年刊）巻四には、世之介が騙した四人の女性の可視的な霊が出現する。四人の霊のうちおはつの霊は死霊だが、他の霊は死霊とも生霊とも判断がつかない。こまんの霊の頭は女、足は鳥、胴体は魚。複数種接合型（キマイラ型）の妖怪である。キマイラの名は、ホメロスの『イリアース』第六歌に起源する。キマイラの身体前部はライオン、中央部は山羊、後部は蛇の形をしていた。日本の説話・伝承においても、『平家物語』（一三世紀後半成立）巻四に出現する怪鳥が、複数種接合型を示す。この鳥の頭は猿、胴体は狸、尾は蛇、手足は虎、そして鳴き声は鵺のようだった。ふつうこの妖怪は、鳴き声を重視して鵺とよばれる。ちなみに、博識の西鶴が鵺の伝説を知らないはずがない。『好色一代男』巻六に出る野萩のよがり声は、鵺に似ていた。どんな声だったのだろうか。

一般に想像上の妖怪の形態は、複数種接合型、または現実の存在の一部を変形した姿のものが多い。『天狗草紙』（一四世紀成立）の天狗を代表とする室町時代の天狗は人と鳥の接合、『西鶴諸国ばなし』巻四の挿絵に見える天狗は鼻の高さが誇張された人と鳥の接合である。『大江山絵巻』（一四世紀成立か）以来の鬼は、おそらく人・獅子・牛などを組み合わせた姿であった。『好色一代男』のこまんの霊も、この流れに属する。

とにかくも、こまんの霊の女・鳥・魚の三要素のうち、女はもちろんこまんを現わす。魚は、こまんが鯉屋の遊女だったことからきた連想の結果ではないだろうか。ただし、既述のとおり『西鶴諸国ばなし』に鯉の化物が出てくるのは気になる。鳥は『古事記』（七一二年成立）景行記・『日本書紀』景行紀におけるヤマトタケルの説話以来、空中を浮遊する霊の象徴であった。他の女性の霊のうち、おはつの霊は鳥の喙をもつ。彼女の怨み言のなかに、「ふたりが中は比翼」という表現があり、鳥喙と「比翼」との関連も考えられ得るが、基本的には霊の浮遊を象徴したのであろう。さらに、世之介と関係をもった末、還俗してしまった尼の霊は、空からおりた綱にぶらさがる首だった。やはり空中の霊に無関係ではあるまい。次郎吉の孀の霊は、巨大な女の姿をとり世之介に迫ってくる。彼女が、なぜ巨大女の姿で現われたのかはわからない。尻切れとんぼになったが、これでおしまい。

筑後　河童の旅

『水虎考略』という写本が、いくつかの図書館に収められている。文政三（一八二〇）年に成立したこの本には、近世の河童にかんする記録が集成されているが、中心的な部分は、「河童聞合」と称する聞書きである。民俗学者のなかには、「河童聞合」は文人が机上でつくりあげた創作だと断定し、これの資料的価値を完全に否定する人もいた。そのせいか、生物学の啓蒙家としても有名な寄生虫学者＝小泉丹をのぞいて、この記録を研究した人はいない。その小泉も、「河童聞合」が誰の手によりどのような経過で成立したのか、明らかにすることはなかった。一昨年以来、私は忙中の僅暇をもっぱらこの点の解明のために費やした。最近のはやり言葉をつかうと、「たかが河童。されど河童」である。こうして河童にこだわり、探りあてた結果を証明ぬきで述べよう。

豊後日田は、近世においてその経済力を背景に、各藩の用達商人をだして大いに栄えた。またここには幕府代官が置かれ、一七六七年以後は、代官はしばしば西国郡代を兼ねて九州全土に睨みをきかせた。文化期のはじめ、西国郡代の地位にあった羽倉秘救が、日田の豪商＝広瀬桃秋に命じ、河童と直接接触した体験者に面会し、その聞取り報告を提出するよう求めた。桃秋およびその友人＝森春樹は、日田近辺で河童と遭遇した四人の男に会い、その時のようすを聴取し記録した。桃秋は、日田から見ると筑後川の下流にあたる吉井周辺の河童体験者からの聞書きを、吉井に住む長崎廻米海川船請負人＝佐々木源吾に依頼する。源吾は、二人の農民から河童体験を聴取して、それを桃秋に報告した。

これらの結果をまとめた報告書が「河童聞合」である。聞取りが行われたのは、文化二（一八〇五）年二月。これを受けとった羽倉秘救は、一八〇八年に日田で没した。しかし代官職を継いだ秘救の子＝外記が「河童聞合」を保有し、彼が一八一五年に関東諸国の代官に転ずるとともに、それを江戸に持参した。この羽倉外記は、そののち天保の改革にさいし、水野忠邦のもとで改革勢力の左派として活躍することになる。

江戸にでた外記は、幕府の官学昌平黌の儒者＝古賀侗庵と知りあいになった。二人の話題が河童におよんだおり、外記は「河童聞合」を所持していることを、侗庵に告げた。侗庵はこの記録を借覧書写し、それを糸口にして『水虎考略』の編集をはじめたのである。侗庵の上司にあたる昌平黌学頭＝林述斎の実子＝鳥居耀蔵と外記は、ともに水野忠邦に登用されながら、開明的な外記と旧守派の耀蔵はそりがあわなかったようだ。耀蔵が蛮社の獄の陰謀により渡辺崋山グループの壊滅に成功したとき、外記はすんでのところ崋山の一味として陥れられるところだった。そして侗庵までが耀蔵にねらわれたふしがある。

河童の話から、意外な人物がぞろぞろでてきたのには驚いたが、それは今のところ副産物にすぎない。ともかく「河童聞合」が文人の筆先から生まれた捏造文書でないことだけは、確かになった。そこで河童体験供述者の一人、小市の話を紹介しよう。

寛政一一（一七九九）年一〇月、筑後川沿いの角間村農民＝小市のもとに従兄弟の惣吉が訪れ、久留米の地主の使いが下作年貢取り立てのために三角村に来ているから出向くよう連絡してきた。三角村にむかい南西方に歩いていくと間もなく、観音堂のある小山にさしかかる。小市はその北を流れる用水に沿い、わずかばかり下った。すると田のなかに四本柱が立ち、大勢のものが集まって相撲をとっている。小市は誘われるままに相撲に加わるが、どうも生臭くて怪しい。これは河童だなと気づいたがもう遅い。河童たちはなかなか小市を放してくれない。月がたかく空にかかるまで相撲をとりつづけ、疲労困憊のはて、やっと逃げだして惣吉の家にたどり着いた。

さて「河童聞合」が架空の捏造でないとしたら、角間村等の固有名詞、およびそれに関連する地勢が現実に存在しなければならない。そこで五万分の一の地図を調べると、現吉井町の筑後川沿いに角間という村落が実在し、そのあたりで筑後川から用水が出て、南西方向に走っている。ここまで確認すると、小市が河童と相撲をとった現場を、自分の眼でどうしても確かめたくなってきた。

昨年（一九九二年）の春、北九州市でひらかれた学会に参加したついでに吉井町にでかけ、役場に直行し観光地図をいただいた。これを見ると、筑後川から用水が流れでた少し南方に、塚堂古墳と日岡古墳が並んでいる。「観音堂がある小山」とはこのうちのどちらかではないか。そう直感した。さ

図 29　小市および勝平の河童遭遇地点
A：小市が河童と相撲をとった場所　B：惣吉の家　C：勝平が河童と相撲をとったおこけ島西（推定）　D：勝平が河童と相撲をとった清宗渡瀬（推定）　▲：塚堂古墳

らに役場のかたにご無理をお願いして、吉井町の字区分図をいただいた。つぎに、歴史家で河童にもくわしい金子文夫氏を観光会館「土蔵」に訪ねる。直感はまさにあたり。金子氏は、塚堂古墳に観音堂があると教えてくださった。それだけでない。かつて三角と呼ばれた地域があり、現在小字・屋敷のあたりだとのご教示もいただいた。小字・屋敷は、角間の南西方向に位置する。もう間違いない。

　日暮も近づくので、急ぎ足で塚堂古墳にむかう。途中右手には日岡古墳が見えた。この古墳が彩色装飾古墳として著名であることを思いだした。石室壁には、同心円・正三角形・蕨手文などが朱色で描かれているはずだ。古墳時代後期の前方後円墳である。もちろん中には入れない。観光地図は模式図なので、現実とは距離・方向がいくらかずれており、日岡古墳のすぐ先には、塚堂古墳らし

図 30　用水手前から見た塚堂古墳

いものが見えない。ぐるぐる回ったり近くの店の人に尋ねたりしたあげく道をそのまま行くと、思ったより距離をおいて耕地のなかに小丘があり、その斜面に「塚堂古墳」という説明の立札が倒れかかっていた。原形は、日岡古墳よりもやや古い五世紀後半の前方後円墳である。中からは、埴輪・金銅製馬具・鉄剣・玉類など、相当数の副葬品が発見された、と立札に書いてある。

小道を踏んで丘にのぼると、堂というより祠に近い小屋が建てられ、中に観音石像が収められてあった。観音の台石正面に、「先祖為菩提」、台石のむかって右側に「文化二年〇〇［乙丑だろう］七月」、むかって左側には「重定住国武源吾定英」と彫られている。

文化二年は、一八〇五年である。小市が河童と相撲をとったのは一七九九年であるから、この時にはまだ、国武源吾定英なるものが造立した観音は存在しなかった。今は廃されたべつの観音像が置かれていたのではないか。現存観音像造立の年は、偶然かどうか河童にかんする聞取りがなされたのとちょうどおなじ年である。源吾の名が、小市事件の聞取り報告者＝佐々木源吾と一致するのは多少気になるが、まずは別人だろう。「重定住」の意味は、私にはよくわからない。国武源吾定英がひとたび吉井から離れ、文化二年またはその前年あたりに戻ってきたのだろうか。あるいは、一九世紀のはじめ観音堂はもっと大きくて、人が住める状態だったのだろうか。そうだとすれば、ここに彼が再度籠った、という意味に受けとることができるのかも知れない。識者のご教示を賜りたい。観音祠にむかって右方、やや降りたところに安永九（一七八〇）年の卵塔があった。してみると、少なくとも安永のころには観音堂に定住の僧がいた、と思われる。

観音祠のわきを上に昇った頂きに近い平地に、二〇〜三〇個の墓碑が並ぶ。刻字をしらべると、古いものは宝暦期（一七五一〜六四年）、しかし寛政以降（一七八九〜）のものが多い。

小市が相撲をとったのは、塚堂古墳から見て、用水をはさんだ向こう側の田地であろう。その場所には今でも田が残るが、田の数枚分の広さは鯉の養殖池に姿を変え、豊かに水を湛えている。現在では河童も滅びてしまったようなので、鯉をとられる心配はあるまい。

佐々木源吾が報告したあと一つの事件は、徳堂村農民＝勝平の河童体験である。勝平は、天明五（一七八五）年夏に、徳堂から吉井に出かけた帰り、まず竹重村字おこけ島の西を南北に流れる井手溝ぎわ、つぎに巨瀬川筋の清宗渡瀬で河童と相撲をとった。五万分の一地図を見ると、現吉井町から西隣の田主丸町に越えてすぐ、巨瀬川の北に徳童の地名がある。竹重はその東側で巨瀬川の南、現吉井町内の地名。清宗の位置は、金子氏のご教示と吉井町教育委員会刊『大石・長野水道開鑿の話』所載の地図によってわかった。巨瀬川をはさんで竹重の北の近世村名である。清宗渡瀬はおそらく、清宗近くの巨瀬川の瀬であろう。そうだとすれば、その場所は現在の清宗橋と岩光橋のあいだか。

小市河童体験の現場をさがしあてた翌朝、勝平の現場を調べに行った。見当をつけたあたり、川幅の狭い巨瀬川にはいくつも浅瀬や水面上の露頭部がある。吉井を出発した勝平は巨瀬川の南側を通って西行、この辺で川北に渡ろうとして河童と遭遇したのだと思われる。おこけ島の位置はまだ同定できない。しかし清宗橋のすぐ東側に、巨瀬川から南方へ引かれた用水が現存する。ここが有力な候補地であろう。川のほとりには、魚を抱いた恵比寿の石像が座している。その来歴についても、再訪することがあれば調べてみよう。

その日のうちに東京に戻らなければならない。心を残しながらバス停に向かった。金子先生、教育委員会および商工課のかた、そして今はなき河童君、ありがとうございました。

筑豊　河童の旅

昌平黌の儒者＝古賀侗庵編『水虎考略』（一八二〇年成立）冒頭の「河童聞合」は、筑後・豊前・豊後において河童と遭遇した体験者からの事情聞き書きである。聞きとりの対象になったのは六人、遭遇現場は七か所。私はそれらの現場を確認するため昨年一九九二年の春、今年一九九三年の春と夏、あわせて三回にわたり福岡県吉井町、大分県日田市およびその周辺にでかけた。各回とも長くて三泊、実質二日半ぐらいの日程であったが、七か所のうち六か所の同定はできた。のこりの一か所もおよその見当はついた。そのうち二か所を選び、近世の事件と、それから二〇〇年ほど経過した現在の現場の状況を報告しよう。

最初は、日田豆田町嘉吉の体験。

嘉吉は、筑後八重谷村（現上陽町八重谷）に相撲を取りに行った帰り、星野村の蛇淵に渡りかかったところ、なんとなくぞっとした。その夜大瀬村（現星野村合瀬）の甚平というものの家に泊まったが、九つ過ぎころ五～六人のものが窓際に来て、「相撲を取ろう」と誘う。のぞいて見ると、格子の外、二間ほどへだてた先に河童が二疋いた。

旅行にでるまえ私は、蛇淵橋というバス停が矢部川支流星野川沿い、現星野村下長尾あたりに実在することを、地図で確かめておいた。バスは八女市から通っているようだ。しかし、ほかの現場をも調べるため日田を根拠にしていたので、バスの便はない。ＪＲ久大線で浮羽にでて、そこからタクシーをたのみ八女香春線を南下することにした。合瀬耳納峠を越え、その前後曲がりくねった山道をたどらねばならない。

行く先は名も蛇淵というのだから、きっと人里離れた山中の、主が潜むと噂される気味悪い淵にちがいない。タクシーの運転手さんは、客がそんな場所を告げると、奇妙に思うはずである。水妖が人に化けて仲間を訪ねに行く。目的地に着いて、客を降ろしてみたら席がびっしょり。そんな予感

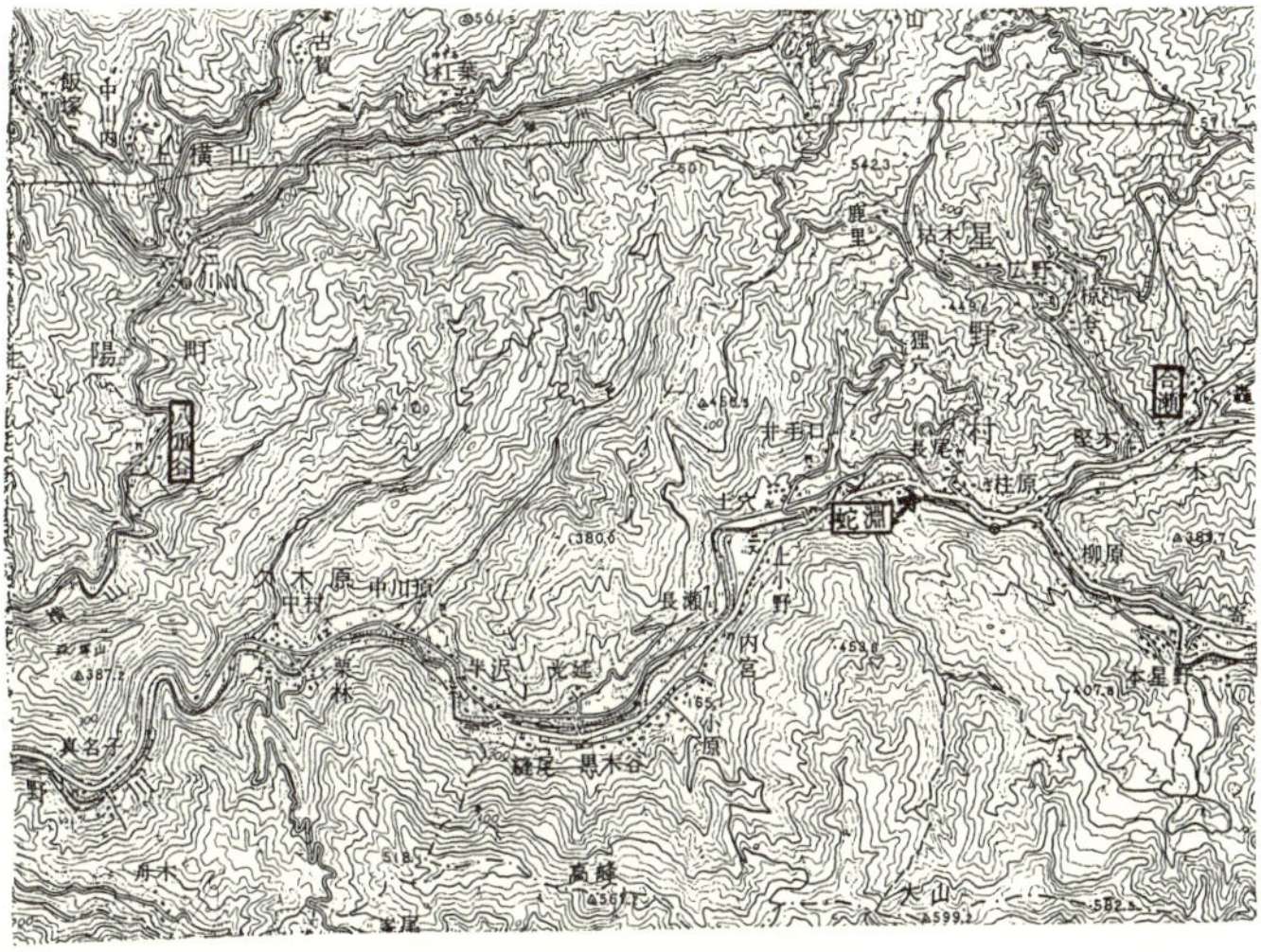

図 31　嘉吉の行動の関連地点

が彼の頭をよぎる。ひえっ。出たあ。運転手さんはおののくのではないか。ひとつおどかしてやろう。そう企んで、うしろの座席に座る。おりしも小雨が降ってきた。押しつぶしたような低い声で「ジャブチへ」。しかし運転手さん、いっこう驚かない。明るい声で「あ、そうですか。お知りあいがおありですか。あの辺いい場所ですね。ちょっと距離がありますから、メータがあがりますよ」。

図32　星野川蛇淵

下長尾をほぼ東西に流れる星野川に、蛇淵橋がかかる。この橋の下、北岸に沿いかなり深そうな淵が、暗い蒼緑の水をたたえている。これが蛇淵だった。嘉吉のころには橋はなく、彼は徒渉した。今は蛇淵橋のたもと南岸に、県が小さな河岸公園をつくり、人待ち風情のベンチをおいている。河岸をおりた洲には、バーベキューを楽しんだのだろう、火を焚いた跡がのこる。

ここの東側の長尾には家並みがつづき、西側にも人家が点在する。谷間の狭い土地には、水田が見られる。この水田は、延宝八（一六八〇）年に完成した井出の開発によるところが大きい。なお星野村役場の高木一也氏によれば、蛇淵の地名由来伝説は残っていない。

星野から八重谷まで行くには、山を一つ二つは越さなければならない。嘉吉は、日田から浮羽へ、つぎに八女香春線を南下、星野からさらに南西にむかい、久木原あたりで山を越えて直接八重谷に出るか、そうでなければ黒木をへ、田主丸黒木線を北上して八重谷に着いたのだろう。河童に会ったのは帰りだから、その逆路の途次で蛇淵を通った。とにかく難儀の道を、ずいぶん遠くまで歩いたものだ。よほど相撲が好きだったらしい。

「河童聞合」で体験を述べた六人のうち四人が河童に相撲を挑まれたが、そのなかで三人は相撲が得意であった。相撲の歴史は主として神事との関係で研究されてきたが、奉納・勧進の相撲はいわば晴れの舞台。稽古をかねた辻相撲・地相撲・草相撲のたぐいは、ひんぱんに行われていたに違いない。

「河童聞合」の調査を取りしきった広瀬桃秋の兄＝月化の『秋風庵月化集』（桃秋編、一八三二年）秋の部にも

辻相撲　火かきあげよと　わめくなり

とある。近世の九州には、博多や熊本に職業的な力士がおり、彼らは各地を巡業し、土地の力自慢の若者に稽古をつけていたのだろう。おそらく比較的小さな地域圏にも相撲の集団が成立していた。「河童聞合」で河童体験を語った男の一人に、吉井の農民＝小市がいる。彼は桃秋の子＝広瀬淡窓の乳母子のようだ。この小市も、筑後川から引かれた用水わきの田で、河童に相撲を挑まれている。彼の最

初の相手は、橘田村（現吉井町橘田）の小汐川とよばれ、小市は日ごろからその胸を借りていた。もちろんこのたびは、河童が小汐川に化けていたのである。このように小地域圏のしろうとの間でも、相撲の師弟関係が結ばれていた。

全般に、中心都市のプロ力士—地方のセミプロ力士—地域のアマ相撲の師匠格—地域の初心者、といった系統が成立していたと思われる。この構造は、俳諧などの世界のしきたりと相同であった。

『玉滴隠見』（中原常政写、一七四〇年）には、島原の乱を制圧しおえた日向延岡藩の武士が、河童と戦う話が掲載されている。刀をとる武士を相手にしたこの河童は、梅の若枝を刀のように操り、武士に対抗した。河童ではなく狸の話だが、『漫遊記』（建部綾足、一七九八年）には、連歌の集まりで、ある男が句をつげずに考えあぐんでいると、狸が「ハハ」と笑ったという話がある。この狸は連歌を詠んだわけではないが、批判力を持っていたとみえる。河童をふくめ妖怪は、相手の芸に呼応する性癖を持ち、人の影・鏡像の一面を示す。

また「河童聞合」で河童体験を供述したの六人のうち、一五歳の日田川原町の正市をのぞき、すべて成年である。そして河童は、正市の足を引いたほか、だれにたいしても水中に引き込む熱意を示さなかった。この事実にも注目すべきであろう。人を水中に引きずり込むという通常の河童イメージとは、ちょっと違う。河童に引き込まれて溺死した子供は、体験聴取対象にはなり得ない。それからあと一つ、詳述するスペースはないが、日田代官はふつうの河童とは違う別の異物の正体を明かそうとしていたのではないか。その異物は、人を水に引きこんだりはしない。

つぎに豊前宮園村（現大分県耶馬渓町宮園）の庄屋＝治右衛門の河童体験を紹介する。

寛政四（一七九二）年六月二四日、川向こうの集落に用があり、夜半帰る途中、山国川の崩れた堰から水が流れでたところに河童があらわれ、治右衛門の手に取りつき、払っても投げつけても、すぐに戻ってくる。ようやく肩骨をおさえて組み伏せ、以後災いをなさぬよう説諭をしたうえで放した。治右衛門は、家に戻ったのち気分がすぐれず、二週間ほど耳聾の状態がつづき、穀物を食わずにマクワウリばかり食べていた。

日田から宮園まではバスの便がある。国道二一二号線を北上、山国町を通過して耶馬渓町に入る。大石峠までは花月川をさかのぼり、ここからは山国川を下る。始終川沿いののどかな道。下耶馬渓入口で降車し川を渡ると、そこが宮園である。山国川は、宮園のあたりでは十数メートルぐらいの川幅で流れる。洲や石が多い。流れは浅い。水は透明である。治右衛門がいう堰の場所は不明。川の両岸には山がせまっているが、川沿いの広からぬ土地に水田が営まれている。

あらかじめ連絡しておいた梅木恒一氏の案内で、治右衛門の屋敷地跡をたずねた。山国川と二一二号線の北、広大な土地を占有していたそうであるが、今は邸宅の跡形も残っていない。裏手の林の小道にわけ入ると、崩れ朽ちた土塀の断片が見え、往時の隆盛の片鱗をわずかに示す。

一族は故郷を離れた。耶馬渓町役場の話、梅木氏および近くの雲八幡神社の宮司＝秋永勝彦氏の説明によれば、明治大正期の著名な実業家＝朝吹英二は、治左衛門の孫にあたる。英二の長男の常吉は、やはり実業家。そして木琴奏者の朝吹英一、仏文学者の朝吹三吉、小説家・翻訳家の朝吹登水子の各氏は、常吉の子。

　ところで宮園の雲八幡神社は、治右衛門屋敷跡から西へ歩いて数分の距離に位置し、宮園楽の風流踊りで有名である。

図 33　治右衛門の行動の関連地点
A：治右衛門屋敷跡地　B：治右衛門徒渉地点

毎年七月二九日、大祓いの祭祀に奉納される風流の踊りは、俗に河童祭の踊りとよばれる。頭にシュロの繊維に紙製の皿をつけたものかぶり、赤い衣を着た少年が河童の役割を演じる。もともとは水神を鎮める祭礼だったのだろう。一九六三年に現地を訪れた西田正秋氏によると、宮園村本家＝朝吹虎二氏（当時六一歳）が「筑後楽の由来」と称する祭文をよむとき、境内前面の旧蓮池に河童が集まり聴聞する、と伝えられていた。「筑後楽の由来」の内容も興味ふかいが、ここでは省略したい。

秋永氏の教示では、旧暦時代には、河童祭は六月三〇日におこなわれていた。治右衛門が河童に出会ったのは、その六日前の二四日である。

「河童聞合」の研究におけるただ一人の私の先行者＝小泉丹は「河童考」（一九五一年）において、治右衛門の経験にかんしつぎのように説明している。

（治右衛門は、実際には野犬かキツネにとびつかれたのだろうが、彼の）河太郎に関する俗念が頭にはっきりあったために、感応的に著明な身心の違和を生じたもののようで、これも自然である。事実は風邪などであったかも知れないが、本人は河太郎と格闘の結果と思い込んだのである。

穀物を食わずマクワウリを食したのも、「憑いている河太郎を優遇して退散して貰った意図かと解される」と評した。これは行きとどいた精神医学的な解釈というべきだろう。治右衛門は、なんらかの原因で極端に疲労し、ストレスがかかっていた可能性もある。一般に河童と相撲を取ったり跳びつかれたりする幻覚は、平衡感覚の異常と幻触に関連がありそうだ。難聴もストレスに無縁ではないかも知れない。

数年前、私は大崎の校舎で夜間部の講義を終え、夜遅く近くの居木神社にさしかかった。境内に一歩踏みこんだ瞬間、本殿前の灯が赤くチラチラと眼を刺激した。そしてどうしたわけか周囲の風景が急に回転しはじめた。立ってはいられない。そばに柱らしいものが見えたので、それにつかまりうずくまって眼をつぶり、異常事態をやり過ごそうとした。一〇分ほど経過してなにごともなかったかのように常態に戻り、キツネにつままれたような気持ちで、駅にむかった。本当をいうと、回転する宇宙のなかに投げこまれ、困惑していた私の前には、稲荷の祠があったのだ。覚えずして稲荷にたいする不敬のふるまいがあり、神罰を受けたに違いない。キツネにその力があるならば、河童がおなじ能力をそなえていても不思議ではない。

聴覚についてもおなじ現象があるらしい。わが家常備だがほとんど利用した経験がない『からだの読本』(一九七六年、暮しの手帖社)に、変な記事が書かれている。

どこかへ旅行して駅に着いておりたら、駅前に遊んでいるニワトリがアクビをしていた。この土地には変なニワトリがいるなと思って、そばにいた人に話しかけたところが、その人も口をパクパク動かすだけだった。変なことになったものだと思って気がついたら耳が聞こえなくなっていた、ということもあります。

私の場合これに似た体験は、今年の春、河童の旅の帰途、福岡から羽田にむかう飛行機のなかで始まった。出入り口に近い一列目の席に座っていたので、すぐ前にきれいなスチュワデスさんが対面でいてくださり、軽口を言いあって楽しんでいた。突然彼女の口がパクパクになったのだ。聞こえるふりをして「アハハ」などと笑ってごまかした。羽田で降りてもまだ周囲は静寂無音。人びとは荷物を下げ、黙々と通路をとおり、モノレールの駅へと歩いていく。その間、人びとのうしろ姿しか見えないので、口のパクパクも視界に入らない。死の世界に迷いこんだようだった。山手線のホームでやっと、この世に帰還した。このときはもちろん、気圧の変化が誘因になったのだろうが、それにしても継続時間がながすぎた。調査の対象になった河童が祟ったか。

話がずいぶんそれたが、治右衛門の容態は私よりもずっと重篤だが、似たような現象だったのかも知れない。ようするに心身とも疲れたまま、夜中に河童が出そうな瀬を渡った。たまたま六月三〇日の河童祭りが近いが、河童の災いを抑えるこの祭りはまだなされていない。彼はそのような情況を少なくとも無意識に思慮していた。瀬を渡るとき、身体がふらついたのではないか。小泉が言うように野生の動物が跳びかかってきたのかも知れない。それをきっかけに心理的な違和が著しくなった。

夏の日田では、原正幸氏とお会いした。おつきあいは、近世に描かれた日田の河童の図が古書目録に出ているのを、田中晃氏を介して知らせていただいたことから始まった。『筠庭雑録』（喜多村信節、一九世紀前半）や『水虎考略後編』（一八三九年）には、この絵の原図が鍋島摂津守所蔵と記してある。

原氏のお宅をお訪ねし、情報の交換をしたおり、氏は鍋島家の系図から摂津守を探しだしたノートを私に示した。じつは、私にもほとんどおなじ作業を試みた経験があった。

鍋島摂津守所蔵の絵を写したのは、法橋周山とされている。私は『大日本人名辞書』にある吉村周山だろう、と原氏に述べた。すでに印刷中の論文にそう書いてしまった。ところが最近、原氏から来信あり、『大日本書畫名家大鑑』に木村周山の名が掲載されているとご指摘を受け、困っている。吉村のほうは一七七六年没。木村のほうは、文化期（一八〇四〜一八年）の人。この型の河童図は、一七七〇年前後に太田澄元が作成したというのが私の説だから、その点からみると木村周山のほうが都合がよい。

筑豊河童の旅で私は、若い良い友を得た。日田の最後の夕、三隈川に望む料理屋の座敷で、鮎料理のごちそうをいただいた。さきにふれた正市が河童に足を引かれ、これと相撲を取った浜は、わずかに川上の場所だったはずである。

V

鏡花と潤一郎　狐の影

狐の影を宿す近代文芸作品を紹介します。まず、泉鏡花の「天守物語」（一九一七年発表）。妖怪たちが暮らす姫路城の天守最上階は、城主も近寄れない聖域です。物語は、天守を統率する富姫と、下界から勇敢に天守に踏み込んだ鷹匠の図書之助との恋の話です。

姫路には、中世末から狐の妖異が伝えられています。富姫は、城裏の姫山の古い地主神です。そして近世には、姫山から姫路城天守閣に勧請された富姫の正体は狐だとする伝承がありました。こうした史実や伝承について調べたことがありましたから、私は「天守物語」にも、富姫が狐であることが明らかになる展開を期待していました。そうはならなかったので、あてがはずれましたが、鏡花がすごい作家と知ったのは大きな収穫でした。

冒頭に、天守から五人の侍女たちが五色の糸を垂らして、それぞれ白露を餌に秋草を釣り上げる場面があります。人生論のような近代小説ばかり読んでいましたので、虚構の世界のきらびやかな美しさに驚きました。すでに読んでいた「高野聖」（一九〇〇年発表）には不気味な動物の妖怪がたくさんでてきますが、「天守物語」では妖艶な美しさの精粋を強調するため、富姫に狐という具体的なイメージを定着する選択肢をとらなかったのだ、と考えます。私の貧しい読書歴のなかで、もっとも美しい文字の芸術に遭遇しました。

一九三一年に発表された谷崎潤一郎の「吉野葛」（一九三一年発表）は、南朝の歴史を材料にして小説を創作しようとする話者の一人語りで構成されています。友人の津村という男と吉野へ旅する途中、竹田出雲他作『義経千本桜』（一七四七年奥書）で知られた〈初音の鼓〉を見る機会を得ました。義経の愛妾＝静御前がこの鼓を打つたびに、義経の忠臣＝佐藤忠信が現われます。じつは〈初音の鼓〉には親狐の皮が使われていました。その鼓の音を聞い子狐は、親狐を慕い、忠信に化けて姿を見せるのです。

鼓を前にした津村は、親に遭ったような思いがする、と言いだします。彼は幼いころ母を亡くしましたが、むかし上品な婦人が琴で「狐噲」という曲を弾いた情景を記憶しており、その婦人は母ではないかと漠然と思っていたのです。「狐噲」は、狐の正体をあらわした母が、子供への思いを残しながら森へ帰る、という「葛の葉狐」の伝承をふまえています。

やがて津村は、国栖《くず》の里で母の実家を見いだし、出会った親戚の娘と結ばれます。狐の伝承がかなり表面に押し出された、とても印象深い小説です。

谷崎の短編「母を恋ふる記」（一九一九年発表）では、海辺の暗い道を歩く潤一という少年の前方に、襟足と手首だけが白く光る、狐が化けたような女性が現われます。もし姉がいたらこのような人かなと思い、近づいて話すうちに、その女性は「私を忘れたのかい。おまえのお母様じゃないか」と泣くのです。

「吉野葛」と「母を恋ふる記」のあいだには、心理的なつながりが見えます。もっとも谷崎自身は、それを自覚していたかどうかわかりません。とにかく二つの作品には、狐が母であり、美しい永遠の女性でもあるという日本人の狐観の特殊な一面が、なつかしく表現されています。

芥川の河童

芥川龍之介は、河童の戯画を一〇点以上書いている。もっとも古いものは、小穴隆一あて葉書に描かれた「水虎問答之図」（一九二〇年）など。葉書には「この頃河童の絵をかいてゐたら河童が可愛くなりました。故に河童の歌三首作りました」とある。一首だけあげると

短夜の清き川瀬に河童われは人を愛しとひた泣きにけり

芥川河童のなかでとくに著名な図柄は、「河童晩帰之図」の系統であり、そのヴァリエーションが少なくとも六点現存する。いずれも一九二一年から二三年のあいだの作品である。晩帰の河童に、芥川自身の肖像が移し込められていることは間違いない。ヘアスタイル・痩身、それに長く細い手足と指、すべて彼に相似する。

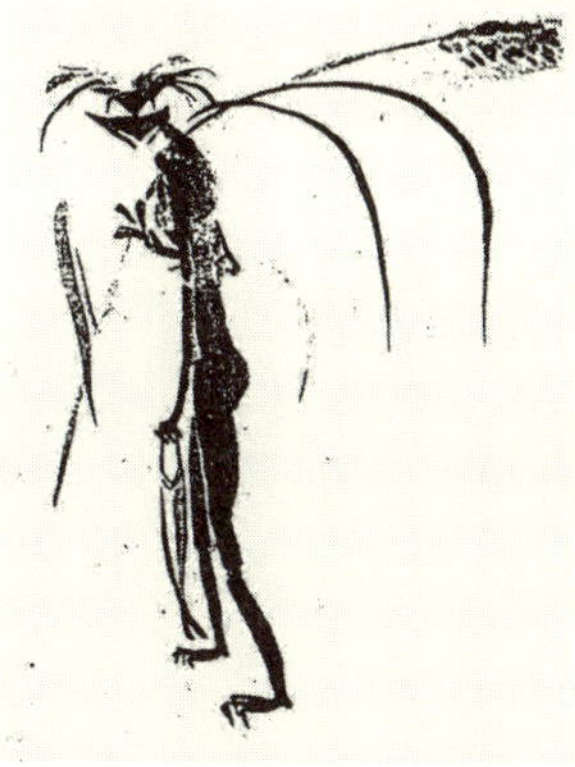

図34　芥川龍之介描く河童絵

芥川の河童絵と先行河童図との関連を調べておこう。彼は小説『河童』(一九二七年刊)に『水虎考略』の名を二回も出している。この書物は、昌平黌の儒者=古賀侗庵が一八二〇年に編集した河童の文献・図録集成である。芥川はおそらく『水虎考略』を読んではいない。柳田国男の『山島民譚集』(一九一四年刊)をつうじて知ったのだろう。ところで「水虎晩帰之図」の河童の口先は嘴状になっているが、『水虎考略』にはこの種の河童図は収録されていない。鳥の嘴に似た口先をもつ河童の出現は、早くとも幕末、たぶん明治以後の事件と推定される。歌川芳藤や河鍋暁斉の河童がその例であった。

『水虎考略』には甲羅を持つ型と持たぬ型の両方の河童図が集められた。では、芥川の描く河童は有甲か無甲か。定かではないが、「水虎晩帰図」の尻とも見まがう下半身後部のでっぱりは、甲羅の下部らしい。ただ一九二二年に長崎の芸妓に与えた図では、このでっぱりに女性の臀部のイメージを込め、彼女にたいするサーヴィス精神を発揮したようだ。

それはさておき、芥川の河童絵に直接影響を与えた画家の候補を示そう。ひとりは小穴であるが、残念ながら手もとに小穴の画集はないし、出かけて調べる暇もない。あと一人は小川芋銭である。彼の「水草絵巻」は一九一八年に「珊瑚会展」に出品された。芥川の河童絵成立に先立つこと二年。彼の目にふれた可能性は大いにある。手足指体躯ともに、芥川の河童とひとしく長細。しかしヘアスタイルは異なる。

ちなみに芋銭が親から最初にもらった名は、不動太郎。不動明王の申し子と判定されたのだ。芥川は、辰年辰月辰日辰刻に生まれたので、龍之介の名を得た。不動明王と龍の取りあわせの偶合は、奇妙といわざるを得ない。龍之介の名については、あとでもう一度ふれる。

さて芥川の小説『河童』に登場する河童の形態は、短身・裸体・短髪、そして皿と水かきを持つ。このあたりは近世知識人の河童イメージと変わらない。ただし背に甲羅を負う証拠はない。口先に嘴がある。環境に応じ体色を変化する。

しかし『河童』の河童の性行は、伝統的な河童イメージとずいぶん異なる。箇条書きで根拠をあげよう。

(1) 軽がるしく矮小で、しかも人に無害でありながら、根本においてこれほど暗鬱な河童は、一七世紀初から二〇世紀末にいたるまでの河童の歴史のなかで、類例を見ない。

(2) 河童は人に対立する存在ではない。河童が人に無害であるだけでなく、河童よりはるかに大きな体躯と腕力を持つはずの「ある精神病院の患者第二十三号」も、河童に危害を加えたりはしない。そのことは人と河童の類縁を示唆する。

(3) 河童のあいだで評判になる有名者といえば、人類ばかり。河童たちの信仰を集める近代教の聖徒たちの名をあげると、ストリンドベリ・ニイチェ・トルストイ・ワグナーというぐあいである。河童の思想家や芸術家はいったい何をしていたのだ。

(4) 河童国の河童たちは、ほとんど水にゆかりのない生活をしている。彼らの住所は川ではない。人界近くに存在する地下の隠れ里である。ただ結末近くに、河童が水道管を通り患者第二十三号の見舞いにやって来る場面があるが、これはストーリー全体のなかで整合性を欠く。

ようするに芥川にとって、河童の国の住人を河童とする必然性はなかったのではないか、という疑念が生じる。異人でも狸でも猿でもよかっただろう。彼の想像力をもってすれば、私などには考えつかない奇妙な類人的動物を虚構することもできたに違いない。ではなぜ河童を選んだのか。

『河童』の河童は大正・昭和初期の代表的知識人が造作した裸の人間である。作中で河童は、患者第二八号が性器を隠しているのがおかしいとゲラゲラ笑う。河童は、芥川をふくめた当代の人びとの恥部の拡大変形図であった。少なくとも芥川その人にとって、恥部を隠しながら理性の仮面つけている自分の世界が、河童にさえ劣っていると思われたのかも知れない。

芥川は、柳田をまちがいなく読んでいた。柳田によれば、河童は水神の零落態にほかならない。そして零落する前の水神は、しばしば龍の姿で出現したのである。芥川は龍の名を負ってこの世に誕生した。けれども彼は、みずからが龍ではないことを十分に自覚していた。自分が木曾義仲かレーニンのような男だったら、龍の名にこそふさわしかっただろう。龍もまた裸である。ただし人なら覆うべき場所にあるものの器量において、河童は龍にはるかに及ばない。彼と彼の時代は、芥川の河童にちょうど相応である。

ここまで来ると芥川の河童絵の河童と『河童』の河童との接点が見えてくる。彼が河童を可愛いいと思うのは、自己嫌悪・他人嫌悪の持続のあいまに、ときとしてぽかりと心の底からわき出てくる、龍ならぬ河童的存在である自己とその同類にたいする深いいとおしみの故であっただろう。

宮沢賢治の動物観

宮沢賢治の魅力の一つは、感性的・思想的な光の多色混交の輝きにあるのではないか。彼の心の多元性は、動物観という特殊な問題においてもはっきりと現われている。そこには、発生時期も由来も異なる少なくとも四個の層が累重している。

第一は、おそらく古代に淵源し、近世前期まではかなり強く日本人の心を支配していた土俗的な動物観である。第二は、やはり古代にはじまるが、中世にいたって下層の人びとの精神生活に大きな影響力を持つにいたった仏教における動物思想である。第三に、近代科学の一分野としての動物学の知識も見のがすことができない。第四に、文明開化以後にひろまったポピュラーな動物イメージも無視してはならないだろう。

賢治の作品には、たくさんの動物が登場する。童話に動物はつきものであるが、賢治の作品の動物が示す意味は多様である。ふつうの童話のように、動物の世界と人の世界を重ねあわせて思想を表現しようとした場合もある。「よだかの星」や「蜘蛛となめくじと狸」はその例であろう。しかしまた、人と動物の関係を比喩の含みなしで、真正面からあつかった作品も少なくない。「なめとこ山の熊」

や「フランドン農学校の豚」がそうであった。

以上あげた作品は、いずれも「殺す」「食う」話である。「よだかの星」「蜘蛛となめくじと狸」は、どちらも動物が動物を食う話。また「なめとこ山の熊」と「フランドン農学校の豚」は食う現場の描写はないが、人が動物を食うことを前提として語られる。さらに動物が人を食いそうになった「注文の多い料理店」を加えると、食う・食われる関係の三種類の組み合わせが出そろう。あと一つの人が人を食う作品は、創作されていないようだ。

まず土俗的な動物観をあらわした動物についてふれよう。「蜘蛛となめくじと狸」のタヌキは、ウサギだけでなくオオカミまでも頭から噛って食ってしまう。現実のタヌキは雑食性であり、虫かせいぜいネズミくらいの小動物しか食わない。しかし近世初期までの説話によると、タヌキは人さえも襲う。「かちかち山」第二段のタヌキは、その一例に過ぎない。というわけで、「蜘蛛となめくじと狸」のタヌキは、かつては日本全土を覆っていたタヌキ・イメージの古層を代表している。そして現在においても、東北地方にはこの古いタヌキ・イメージが残存する。賢治は、岩手の伝統文化のなかで育った。これにたいし「セロ弾きのゴーシュ」のキョトンとしたタヌキの子は、近代以後のポピュラーなタヌキ・イメージをあらわす。

「蜘蛛となめくじと狸」の主人公たちは他の動物を食い、「地獄行きのマラソン競争」をしたのだが、おなじく動物を食いながら、その罪業と悲しみを知る「よだかの星」のヨタカ、「二十六夜」のフクロウは天に昇る。地獄行きと天国行きのわりふりにも、鳥を浮上する魂の象徴と見る伝統的な動物観が反映しているようだ。

これと関連するが、あと一つ微妙な問題を取りあげよう。「雁の童子」では、空飛ぶカリが人に射殺された結果として、報いを果たし動物の身から脱して天に帰ることが許される。ここからは、殺生が供養になるという思想が生まれかねない。中世の『発心集』(一三世紀初期成立)・『古今著聞集』(一三世紀中期成立)・『沙石集』(一三世紀後期成立)・『神道集』(一四世紀中期成立)には、野生の魚鳥獣が殺されて神に供えられ、または人に食われて畜生の世界からのがれる、という話が記された。「雁の童子」における目立たない挿話は、古代・中世の日本人が動物食を合理化するために信じた理屈に近い。ここでは土俗的、または土俗・仏教習合的動物観が、賢治の作品にふと姿を現わしたのだろう。

賢治の作品における動物の行動の意味が彼の仏教信仰とかかわることは、多くの人が指摘しており、私見もその範囲内にある。彼の殺生忌避の態度は、上記の諸作品に登場する動物の行動全体を支配しており、特例を示す必要はあるまい。

つぎに賢治の近代生物学の知識が、彼の作品にどのように反映しているか調べたい。高等農林学校出身の賢治は、当然のことながら動物学・畜産専攻の友人、教師と知りあいだったはずだし、彼自身もふつうの人以上に、家畜、より広くは動物にかんする知識を持っていただろう。しかし農専入学時には、賢治はすでに仏教の教えに強くひかれていた。彼の専攻は農芸化学であった。動物をモノとしてあつかうことに抵抗があったので、比較的無機的な分野を選んだのかも知れない

「よだかの星」で「夜だかは、ほんたうは鷹の兄弟でも親類でもありませんでした。かへって、よ

だかは、あの美しいかはせみや、鳥の中の宝石のやうな蜂すずめの兄さんでした」と述べられている。

『岩波生物学辞典』第三版(一九九〇年)によれば、ヨタカ・カワセミ・ハチスズメはいずれも、鳥綱真鳥亜綱の一員であり、ヨタカはそのうち第二三目のヨタカ類、ハチスズメ(標準和名はハチドリ)は第二四目のアマツバメ類、カワセミは第二七目のブッポウソウ類にそれぞれ属する。分類表のなかでのこれらの位置は近い。鳥類学者はこの三目を比較的近縁と暗黙裡にみなしているのだろう。そして最近、国松俊英氏が、一つの重要な事実を発見した。一九二〇年に発行された『東京帝室博物館天産部・列品案内目録』に収録された鳥類の分類表においては、ヨタカ・ハチドリ・カワセミはいずれもブッポウソウ目に入っている。賢治は一九二一年に上京し、その後たびたび東京に出かけているから、上記『列品案内目録』を入手していただろう、と国松氏は言う。

かりに賢治がこの目録を入手していなかったとしても、盛岡高等農林学校時代、または花巻農学校教諭の時代に、彼が当時の鳥類分類にかんする知識を持っていたこともあり得る。

「よだかの星」に使われた鳥類分類の知識は、この作品の本質的な構成に不可欠だったとはいえないが、ストーリーの運びに彩りをあたえ、ヨタカの悲しい立場を描きだすのに役だっている。

肉食忌避と近代生物学の知識が、賢治の心のなかでどのように折りあったかを示す作品が、「ビヂタリアン大祭」である。

「ビヂタリアン大祭」は、動物を食う必要とそれが生む罪悪の関係を、デベイト方式で、じつに啓蒙的にしかもユーモラスに説き明かした傑作である。おまけに、どんでん返しの落ちまでつく。デベイトでは、心の存在と生命の尊さについて、進化論的な立場で意見のやり取りがなされる。菜食主義批判者は、動物と植物・微生物のあいだには確たる境界はなく、動物食が悪いなら細菌も殺してはならないはずだ、と批判する。これにたいしビヂタリアンは、連続する生物界でも両端では大きな違いがある、と反駁した。私の判断では、この勝負引き分けというところだ。ビジタリアンは、動物と植物のあいだでのみ一線を引く根拠について、具体的に説明するべきだったろう。ここでは、進化論・分類学の知識は活きていない。

いずれにせよ進化論の立場を無視しないとしたら、植物食は相対的にのみ善、動物食は相対的にのみ悪、という結論に到達せざるを得ない。賢治の立場はここにあったと思われる。動物の殺生についても同様である。「二十六夜」において、動物を食うことによってしか生きる手だてを持たないフクロウが、人の子供のいたずらのため足を折られ命を失う。ここで彼は、最少限の必要悪としての殺生と、いたずらな殺生を区別したのではないか。そしてフクロウが人の大人ではなく子供によって殺されるというモチーフは、必要限度をこえた殺生をおこなう人の業のようなものを示そうとしたのではないだろうか。

動物食、およびこれを目的とする屠殺を忌避する態度は、賢治において一貫している。しかしそれでも、食用家畜であるブタの屠殺と野獣のクマの屠殺では、作品における扱いが異なることに注目しなければならない。

「なめとこ山の熊」のなかのクマとクマ捕り名人＝淵沢小十郎の関係を説明しよう。私の要約表現と、賢治の原文からの借用を混ぜながら記す。

なめとこ山あたりのクマは、小十郎が好きなのだ。その証拠には、クマどもは小十郎が谷を通るときには、黙って高いところから彼を見送っている。小十郎のほうも、クマどもを殺してはいたが、それを決して憎んではいなかった。彼はもう、クマの言葉だってわかるような気がした。にもかかわらず小十郎は畑も持たず、猟師で生活を立てなければならないから、クマを殺さざるを得ない。

あるとき小十郎は、山で大きなクマと遭遇した。クマは小十郎の前へどたりと落ちて、死ぬまで二年の猶予を頼む。それからちょうど二年を経過したとき、小十郎の家の垣根の下に、あのクマが口から血を吐いて死んでいたのだった。彼は思わずその姿を拝んだ。

そののちある日のこと、不吉な予感を抱いたまま、小十郎は狩りに出た。山の中で大きなクマが両足で立ち、嵐のように黒くゆらいで彼に向かってくる。小十郎は倒れた。そして遠くでこういう言葉を聞いた。「おお小十郎、おまえを殺すつもりはなかった」。彼は「クマども許せよ」と思いつつ、死へとおもむく。

三日目の晩、山中のひときわ高い場所に、小十郎の死骸が半分座ったように置かれていた。死んで凍えてしまった彼の顔は、まるで生きているときのように冴え冴えとして何か笑っているようにさえ見えたのだ。小十郎のまわりには、黒い大きなものがたくさん環になって集まり、各々黒い影を置き、回々教徒の祈る時のようにじっと雪にひれふしたまままいつまでも動かなかった。

ここには、人とクマの心の深い共感と、たがいに殺しあわなければならない痛烈な悲しみの共有が、見事に描かれている。

「フランドン農学校の豚」は重要な作品だと思うが、「なめとこ山の熊」ほどには有名でない。やはりところどころ賢治の表現を借りて、紹介しよう。

フランドン農学校のブタは、はじめは自分が屠殺される運命にあることを知らなかった。あるとき、餌のなかにブタ毛の歯ブラシを発見していやな気分になり、疲れて寝てしまった。晩になってすこし気分が好転し起きあがった。気分がいいと言ったって、けっきょくブタの気分だから、苹果《りんご》のようにさくさくとし、青ぞらのように光るわけではない。これ灰色の気分である。ブタの心もちをわかるには、ブタになってみるより致し方ない。

ところでフランドン農学校が所在する国では、家畜を殺すものは、その家畜から死亡承諾書を取らねばならず、承諾書には当の家畜の爪印を必要とする。校長は、ブタにそのことをインフォームし、コンセントを求め捺印を迫る。ブタは「いやです。いやです。どうしてもいやです」といったんは断ったが、校長に怒鳴られておびえてしまい、泣きながら捺印した。

生徒は「いつだろうなあ。早く見たいなあ」「早くやっちまへばいいな」などと言いながら、屠殺の日を楽しみに待っている。ブタは毎日、つらいつらいと泣いていた。やがてその日が来た。むりやりに肥満体にされたブタは、外へ連れだされた。そしてちらっと頭をあげたとき、にわかにブタは、激しい白光のようなものが花火のように眼の前でちらばるのを見た。畜産の教師が大きな鉄槌でブタを倒したのだ。助手が小刀で、ブタの咽喉をザクッと刺した。ブタはすぐあとに、からだを八つに分解され、厩舎のうしろに積みあげられた。

以上のように、賢治は人の立場とブタの立場の両方を代弁しながら、「あんまり哀れ過ぎる」話を綴る。ついでながら「フランドン農学校の豚」でいちぶ採用されているような、動物の視線で世間を描く手法は賢治独特のものであり、「茨海小学校」や「畑のへり」のようなすぐれた作品を生みだした。この手法が、彼の動物観とかかわっていることは言うまでもない。

そこで「なめとこ山の熊」と「フランドン農学校の豚」の両者における登場人物、作品の話者、それに賢治自身の態度を比較してみよう。

まず人はクマを殺すが、クマもときには人を襲い、死にいたらしめる。たしかにクマが殺す人数よりも人が殺すクマ数のほうが多い。しかし質的には両者は、相互的・対称的であり、そのかぎりにおいて平等の関係にある。人とブタの関係はそうではない。人が一方的にブタを殺す。両者の関係は一方的・非対称的、そして不平等である。第二に、猟師の小十郎はクマを理解し、愛しさえしている。ブタについてはどうか。登場人物はブタを軽侮している。ブタの心を理解しようという努力さえ認められない。第三に、クマのほうも小十郎を愛していた。ブタは、農学校の教師をひたすら恐れるだけだった。第四に、クマは人との約束を自分のほうから提案し、その約束を守り、死ぬべきときには潔く死んだ。ブタのほうはというと、断固拒否しようと思えばそうできたはずの死に気弱にも同意しながら、なおかつ未練がましく、つらいつらいと泣きつづける。

第一点は、クマ・ブタと人との関係の客観的な事実を示しているにすぎず、話者・作者独自の視点ではない。第二点は、登場人物のクマ・ブタ観を代表する。第三・四点は、話者のクマ・ブタ観をあらわす。では賢治自身の心のうちはどうだったのか。ブタの気分は「これ灰色」、のような話者の口調が、作者の思想を代弁するとはかぎらない。ただつぎのことは言っておきたい。賢治は、二種類の動物にたいする人の心の大きな違いを隠そうとはしなかった。「場所名＋の＋動物名」というパターンの彼の作品名は、「なめとこ山の熊」と「フランドン農学校の豚」以外見あたらない。賢治は、二つの作品のコントラストを意識していたように思われる。そして彼が提起したクマとブタにたいする人の心の対比は、日本人の動物観を考えるばあい、大きな手がかりになるであろう。

本題からはずれるが、賢治の思想の時代性について考えたい。「オツベルと象」は、動物虐待にたいする批判と取ってもよいが、人の人にたいする圧制・搾取にむけた抗議が込められているとも理解できる。

この作品が発表されたのは一九二六年、大正の最後の年、昭和の初めの年であった。私は「オツベルと象」に関連して、同時代の二人の作家の二つの作品を連想せざるを得ない。それは、芥川龍之介の「河童」（一九二七年）と、小林多喜二の「蟹工船」（一九二九年）である。「オツベルと象」と「蟹工船」が共有するモチーフについては説明するまでもないが、「河童」においても経営者河童が、解雇した労働者河童の肉をサンドイッチに挟んで食う場面が出てくる。

これらの作品が一九二〇年代後半に集まっているのは、たぶん偶然ではない。賢治についていうと

「雁の童子」の原稿表紙裏に、「征王いま労働運動の首領とうまれ／世界を修羅に化せんとし」との書き込みがあり、しかも改めて「労働運動の首領とうまれ」の部分が消されている。社会主義・無産者運動にかんする彼の見方は、割り切れたものではなかったのではないか。賢治が、当時合法政党最左翼の労農党の活動に便宜を与えていたのも事実である。

話を戻すと、さきにあげた三人の作家のうち龍之介は一九二七年に、賢治と多喜二はいずれも一九三三年に没している。死因は三者三様でありながら、彼らの死はいずれ劣らず痛ましい。三者とも、敏感な感受性によって時代の力に強く反応した。内に向かった龍之介、外に向かった多喜二、内向きと外向きを同時平行して奮闘し、生命力を消耗していった賢治。彼らの三つの作品は、平和と大正リベラリズムの時代の終焉、海外侵略と昭和強権政治の本格的な幕開けの、はざまに生まれたのであった。

拙稿冒頭に、賢治の動物観を構成したいくつかの要因を指摘したが、動物観に限定せずに賢治のユニークネスを考えると、つぎのようなことになろう。彼の土俗的な心性、法華経信仰、同時代的な社会問題にたいする関心、地質学・肥料学・農芸化学を中心とした近代科学の知識、それによけいなことをつけ加えれば、浮世絵や古典音楽への興味にみられる美しさへの憧憬、さらにまた「毒もみのすきな署長さん」などにあらわれた、殺生を楽しむ人の心をさえも滑稽に、しかも愛情をこめて描くおおらかさ、これらの諸要素が織りなされて一体と化し、彼の作品に感性的・思想的多色混交の輝きをもたらしたのであろう。

あとがき

数え年で七七歳にたっした。ここ三〇年ほどのあいだ、私の貧しい研究能力を、主として日本人の動物観の探索に注いできた。昨年でそれも打ち切りと決めたので、まだ単著単行本に収録されていない動物観関係の論文・随筆を、喜寿の自祝を兼ねて本にまとめようという考えになった。

本書に収めた論文・随筆は、既発表のものを原形にしているが、さまざまな細工を加えた文もある。細工の種類を箇条書きにすると

（1）いちぶ追加。追加の多くは、発表時すでにできあがっていたが、スペースの制限を考慮して削除した部分の復活である。これに、新たな追加もいくらか加わる。

（2）不適切と思われる語・句・文の変更・削除。

（3）こまかな字句文の修正。

（4）原形において先行研究書・論文を引用するさい、著者の敬称を省略したケースとかんたんな敬称を付して引用させていただいた場合がある。本書収載の論文においては、敬称省略に統一した。先行研究者の方がたにお許しをいただきたい。

（5）原形の発表時のタイトルを本書において変更した場合も少なくない。

（6）「徳島県のタヌキ祠」は、「徳島県のタヌキ祠」の原形を基本とし、これに「タヌキと稲荷」を編集しなおして合成した。また「佐渡の貉信仰」は、『佐渡郷土文化』に三回にわたり連載した文を併せた。「江戸時代の動物妖怪」には、これを原形としながら、おなじ雑誌に掲載された「河童の行動」・「鰐の系譜」の一部を切り取って追加した。

なお変更しなかった件になるが、初期〜中期の文においては、動物名は原則として標準和名を用いカタカナで表記した。後期になると、動物名はすべて漢字で表わす習慣になった。両者のあいだで不統一があるが、それはそのままにしておいた。また文末参照文献の記載の有無・内容・形式は、原則として原形のままとした。あと一つ、収録した文の内容のあいだには重複した部分もある。論文・随筆集という本書の性質上やむを得ないだろう。とくに「佐渡　タヌキの旅」のかなりの部分は、「佐渡の貉信仰」に吸収されている。しかし二回の佐渡訪問は、一四年の年月を隔ててなされた。一九八八年の経験・印象を旅行記風に綴った「佐渡　タヌキの旅」には、二〇〇二年の旅で得た成果をもふくめて論文化した「佐渡の貉信仰」とはまた別の意味もあると判断し、前者も併せて採用した。

掲載した文を大まかに分けると、Ⅰは動物観一般論、Ⅱはタヌキ信仰の調査と研究、Ⅲは動物各論、Ⅳは妖怪をめぐる随筆、Ⅴは日本近代文学と動物にかんする随想、ということになろうか。ただし厳密な分類ではない。たとえば「鳥の妖怪」はⅣに入れてもよい。「西鶴と動物・器物の妖怪」は、Ⅴを「文芸作品における動物」のような枠に変えれば、このグループに編入することもできる。

本書において採用した論文・随筆の題名と、その初出時の題名および掲載誌書名・発行年を掲げる。

Ⅰ

日本人の動物観を探る：日本人の動物観を探る　渡辺守雄他『動物園というメディア』青弓社　二〇〇〇年
古代中世史のなかの動物たち：ウマ・ネコ・ヘビ　古代の家畜と動物神『日本の歴史　近世Ⅰ―5』週刊朝日百科五九九　一九八七年
異郷に住む動物たち：異郷に住む動物たち　中村生雄他編『神々のいる風景』いくつもの日本Ⅶ　岩波書店　二〇〇三年
固有名詞を持った動物たち：固有名詞を持ったキツネたち『朱』三六号　一九九三年

Ⅱ

徳島県のタヌキ祠：（1）徳島県のタヌキ祠『沼義昭博士古稀記念論文集　宗教と社会生活の諸相』隆文館　一九九八年、（2）稲荷とタヌキ『朱』四二号　一九九九年
佐渡　タヌキの旅：佐渡　タヌキの旅『図書』四八〇号　一九八九年
佐渡の貉信仰：（1）佐渡貉祠の成立『佐渡郷土文化』一〇二号　二〇〇三年、（2）団三郎と隠れ里『佐渡郷土文化』一〇四号　二〇〇四年、（3）佐渡の貉伝説『佐渡郷土文化』一〇五号　二〇〇四年

Ⅲ

ウマの神性と魔性：馬の神性と魔性『馬銜』三九号　一九八七年

ネズミの伝説・民話：伝説と民話のネズミたち『太陽』二五八号　一九八三年
鳥の妖怪：妖怪の中の鳥『野鳥』七〇〇号　二〇〇六年
ムシの戦い：ムシの戦い『虫の日本史』自然と人間の日本史五　新人物往来社　一九九〇年

Ⅳ

江戸時代の動物妖怪：(1)江戸時代の動物妖怪『図書』五〇二号　一九九一年、(2)河童の行動『図書』五〇三号　一九九一年、(3)鰐の系譜『図書』五〇六号　一九九一年
西鶴と動物・器物の妖怪：西鶴と動物・器物の妖怪『西鶴と浮世草子研究』第二巻　笠間書院　二〇〇七年
筑後　河童の旅：筑後　河童の旅『教育じほう』五四一号　一九九三年
筑豊　河童の旅：筑豊　河童の旅『図書』五三六号　一九九四年

Ⅴ

鏡花と潤一郎　キツネの影：とにかく面白かったこの小説『サライ』三六七号　二〇〇四年
芥川の河童：芥川の河童『図書』五五六号　一九九五年
宮沢賢治の動物観：宮沢賢治の動物観『図書』五六五号　一九九六年

以上拙論を掲載してくださった書・雑誌の編集者・編者の方がたに感謝の意を表わしたい。とくに本書には、岩波書店発行の『図書』収載の随筆が七点も収められている。浦部信義氏の周旋のおかげである。ほんとうにありがとうございました。また「鏡花と潤一郎」は、私の話を吉村昭彦氏がまと

めてくださった。吉村氏に感謝の言葉を申しあげる。

河童・タヌキ・キツネなどの怪異・信仰の跡を訪ね歩いたさい、徳島の小松君代氏・近松克仁氏、山本光代氏、大阪の小西潤子氏、佐渡の山本修巳氏にたいへんお世話になった。山本氏は、拙文を氏主宰の雑誌に掲載してくださった。また本文中でお名前をあげたとおり、その他ご教示を賜った方がたが少なくない。以上の方がたのご好意を忘れることはできない。あらためて感謝の意を表わしたい。

一人で鬱屈しつつ動物観の研究らしきものを続けてきたが、つぎのいくつかの学会・研究会などからおよばれし、拙論を話したり、皆様と意見を交換したりする機会を得た。日本科学史学会生物学史分科会、野林正路氏などの意味論研究会、日本野生動物研究センターの研究会、塚本学氏・篠原徹氏など歴史民俗博物館における動物と民俗の協同研究、篠田知和基氏などの比較神話学の会、鏡味国彦・斉藤昇氏などの国際異文化学会、西村康氏などの比較文化論の研究会、中川志郎氏などの動物愛護協会、石田戢・横山章光氏などのヒトと動物の関係学会。これらの学会・研究会の方がたにも感謝の思いを申しあげたい。

動物観関係の私の最初の著書『日本人の動物観』（一九八四年）は、海鳴社から出版された。科学史の本なら引き受けるけど、これは中村の専門ではないと、いくつかの出版社から断られたとき、西岡正氏のご紹介で救いの手をのべてくださったのが海鳴社であった。なお『日本人の動物観』はその後、横山章光氏のご仲介により二〇〇七年にビイング・ネット・プレスから再刊された。海鳴社は、そののちも『日本動物民俗誌』（一九八七年）をはじめ三点もの拙著出版を引き受けてくださった。

つづいて『動物たちの霊力』(筑摩書房、一九八九年)、『狸とその世界』(朝日新聞社、一九九〇年)、『河童の日本史』(日本エディタースクール出版部、一九九六年)、『動物妖怪談』(歴史民俗博物館振興会、二〇〇〇年)、『狐の日本史　古代・中世篇』(日本エディタースクール、二〇〇一年)、『狐の日本史　近世・近代篇』(日本エディタースクール出版部、二〇〇三年)を世に出すことができた。日本エディタースクール出版部発行の最初の著書は、塚本学氏のご斡旋により実現された。

海鳴社とくに辻信行氏、筑摩書房とくに土器屋泰子氏、朝日新聞社とくに山田豊氏、歴史民俗博物館振興会とくに篠原徹氏、ビイング・ネット・プレスとくに高松完子氏、日本エディタースクール出版部とくに長井治氏にたいし私の心は感謝の念でいっぱいである。西岡正氏・塚本学氏・横山章光氏のご援助がなかったならば、多くの拙著を世に出すことはできなかった。これらの方がたにも、おなじように感謝の意を申しあげたい。

動物観にかんする最初の著書を引き受けてくださった海鳴社から、このテーマの最後の著書をも上梓していただきたい、という私の年来の心ざしが果たされた。まことに嬉しい。重ねて海鳴社にありがとうございました、と申しあげる。

二〇〇八年三月一五日

中村禎里

図の出典

日本人の動物観を探る
図1：道成寺縁起　高崎富士彦編『お伽草子』日本の美術52　至文堂　一九七〇年（道成寺蔵）
図2：石山寺縁起　小松茂美編『石山寺縁起』日本の絵巻16　中央公論社　一九八八年（石山寺蔵）
図3：北斎漫画八編　永田生慈監修『北斎漫画』2　岩崎美術社　一九八一年（浦上満蔵）
図4：犬追物絵巻　根岸記念競馬公苑編『馬の博物館所蔵品図録』馬事文化財団　一九八八年（馬の博物館蔵）
古代・中世史のなかの動物たち
図5：平治物語絵詞　小松茂美編『平治物語絵詞』日本の絵巻12　中央公論社　一九八八年（東京国立博物館蔵）
図6：平治物語絵詞　小松茂美編『平治物語絵詞』日本の絵巻12　中央公論社　一九八八年（ボストン美術館蔵）
図7：鳥獣人物戯画甲巻　辻惟雄『絵巻鳥獣人物戯画と鳴呼絵』日本の美術300　至文堂　一九九一年（高山寺蔵）
図8：信貴山縁起　小松茂美『信貴山縁起』日本の絵巻4　中央公論社　一九八七年（朝護孫子寺蔵）
徳島県のタヌキ祠
図9：中村作成　図10・11・12：中村撮影　図13：日本野生生物研究センター資料（発行年不明）
図14：中村作成
佐渡　タヌキの旅
図15：燕石雑志『日本随筆大成』第2期19　吉川弘文館　一九七五年　図16：中村撮影
佐渡の狢信仰
図17：中村撮影　図18：中村作成　図19：中村撮影
ウマの神性と魔性
図20：斉藤忠他『原始美術』原色日本の美術1　小学館　一九七〇年　図21：中村撮影

ネズミの伝説・民話
図22：上野益三解説『博物学短編集』〈上〉 江戸科学古典叢書四四 恒和出版 一九八二年
鳥の妖怪
図23：古今百物語評判、国会図書館蔵
図24：天狗草紙 小松茂美編『土蜘蛛草紙・天狗草紙・大江山絵詞』 続日本絵巻大成19 中央公論社 一九八四年（東京国立博物館蔵）
ムシの戦い
図25：俵藤太絵巻 高崎富士彦編『お伽草子』 日本の美術52 至文堂 一九七〇年（金戒光明寺蔵）
江戸時代の動物妖怪
図26：善悪報はなし 吉田幸一校定『近世怪異小説』 古典文庫 一九五五年（吉田幸一蔵）
図27：奇異雑談集 吉田幸一校定『近世怪異小説』 古典文庫 一九五五年（吉田幸一蔵）
西鶴と動物・器物の妖怪
図28：好色一代男 麻生磯次校定『西鶴集』上 日本古典文学大系47 岩波書店 一九五七年
筑後 河童の旅
図29：中村作成 図30：中村撮影
筑豊 河童の旅
図31：中村作成 図32：中村撮影 図33：中村作成
芥川の河童
図34：芥川龍之介画の河童 関口安義監修『もうひとりの芥川龍之介』 産経新聞社 一九九二年

著者：中村禎里（なかむら　ていり）

1932 年　東京都に生まれる
1958 年　東京都立大学理学部卒
1967 年以後　立正大学講師・助教授・教授
2002 年　立正大学名誉教授

動物たちの日本史

2008 年 4 月 15 日　第 1 刷発行

発行所：㈱海 鳴 社　http://www.kaimeisha.com/

〒 101-0065　東京都千代田区西神田２－４－６
E メール：kaimei@d8.dion.ne.jp
電話：03-3262-1967　ファックス：03-3234-3643

発 行 人：辻　信行
組　　版：海　鳴　社
印刷・製本：シ　ナ　ノ

出版社コード：1097

ISBN 978-4-87525-250-4